*"Sotto le bombe,
i medici della Croce Rossa
sono stati eroici"*

**Haile Selassie I
Imperatore dell'Abissinia**

INDICE

INTRODUZIONE

4. DIRITTO UMANITARIO E CROCE ROSSA

BIBLIOGRAFIA

INTRODUZIONE

Nel corso dell'aggressione all'Abissinia del 1935-36, la Regia Aeronautica, in palese violazione del diritto internazionale, ha bombardato quasi tutti gli ospedali da campo della Croce Rossa impegnati nel difficile intervento umanitario in quella parte dell'Africa Orientale Italiana.

Questo saggio intende celebrare il coraggio e l'abnegazione di quei Rossocrociati che, sotto le bombe, hanno continuato a "combattere" dalla parte di chi soffre.

L'Autore

Michele Patruno è Ufficiale Commissario del Corpo Militare Volontario della Croce Rossa Italiana, in forza al Centro di Mobilitazione Meridionale. Dopo aver studiato Giurisprudenza a Milano, Studi Europei a Roma e Scienze Politiche a Bari, è stato docente a contratto di Diritto Comunitario presso la Scuola Superiore dell'Economia e Finanze Ezio Vanoni e di Storia Contemporanea all'Università Aldo Moro. E' anche Cultore di Storia della Croce Rossa Internazionale. Tra le sue pubblicazioni, i saggi *Quando è l'ONU a combattere. La guerra del Katanga (1961-63)* e *Italiani in Corea.*

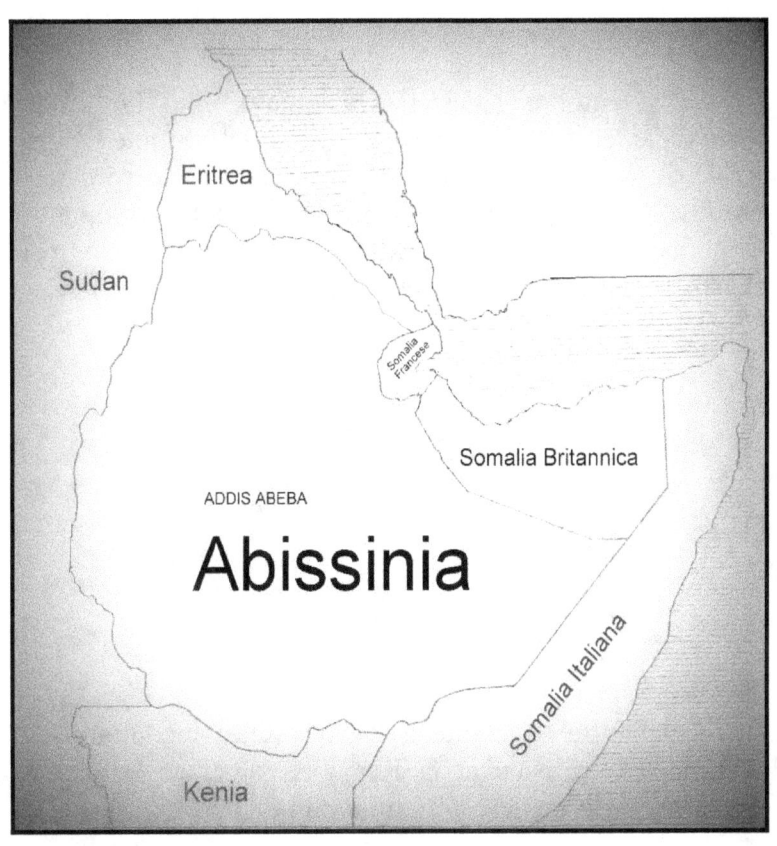

1. GUERRA D'ABISSINIA E CROCE ROSSA

1.1 L'aggressione dell'Abissinia

Il 3 ottobre 1935, il Generale Emilio De Bono, Comandante delle truppe italiane del Fronte Nord, dall'Eritrea ordinò ai suoi tre corpi d'armata di varcare il confine dell'Abissinia, spesso chiamata anche "Etiopia", e di puntare sulle principali città della montagnosa Regione del Tigrè, all'estremo Settentrione.

E mentre l'Esercito avanzava senza incontrare una significativa resistenza, la Regia Aeronautica bombardò Adua, facendo numerose vittime tra i civili.

Si trattava di una palese e ingiustificabile violazione del diritto internazionale.

Per la Società delle Nazioni (SdN) [1], infatti, nel caso in cui un suo Membro ricorra illegittimamente alla guerra, viene considerato *ipso facto* come colpevole di aver commesso un atto di guerra contro tutti gli altri Membri [2].

Inoltre, i Paesi della SdN possono interrompere immediatamente ogni rapporto commerciale e finanziario con lo Stato aggressore.

Fu dunque inevitabile una formale condanna, che avvenne appena tre giorni dopo l'attacco, da parte del Consiglio della Società.

Il mese successivo, sarebbero state adottate delle sanzioni economiche nei confronti del Regno d'Italia.

---

[1] Organizzazione intenazionale nata a Parigi il 28.06.1919.

[2] Statuto della Società delle Nazioni, Articolo 16: "Qualora uno dei Membri della Società ricorra alla guerra, in violazione dei patti di cui agli articoli 12, 13 e 15, sarà considerato ipso facto come colpevole di aver commesso un atto di guerra contro tutti gli altri Membri della Società, i quali si impegnano fin d'ora a interrompere immediatamente ogni rapporto commerciale e finanziario col medesimo, a proibire ogni traffico fra i propri cittadini ed i cittadini dello Stato contravventore, e ad interdire ogni rapporto finanziario, commerciale o personale fra i cittadini dello Stato contravventore e i cittadini di qualsiasi altro Stato, sia o non sia Membro della Società".

1.2 La nascita della Croce Rossa in Abissinia

La Croce Rossa Etiope (ECR) era stata fondata l'otto luglio 1935 e il successivo 25 settembre divenne membro della *International Federation of Red Cross and Red Crescent Societies* [3].

Il primo Presidente divenne **Heruy Wolde-Selasse** [4], un diacono che aveva studiato nelle migliori scuole europee del Paese. Considerato il padre della letteratura aramaica, il Negus gli aveva fatto fare una  carriera da amministratore pubblico e poi da diplomatico, per dargli, infine, il prestigioso incarico di Ministro degli Affari Esteri.

 Dal Presidente venne nominato Segretario Generale lo statunitense Thomas Alexander **Lambie** [5]. Laureatosi alla *University of Pittsburgh*, si era trasferito in Abissinia dapprima per affrontare l'epidemia d'influenza diffusasi nella zona orientale del Paese e successivamente per istituire il *George Memorial Hospital* ad Addis Abeba: per queste attività meritorie, il Governo gli conferì la cittadinanza [6].

---

[3] Ethiopian Red Cross Society, www.redcrosseth.org
[4] Lissan on line, http://lissanonline.com/blog/?p=540
[5] Ethiopian Red Cross Society, www.redcrosseth.org
[6] PARTEE, www.dacb.org/stories/ethiopia/lambie-thomas3.html

Con lo scoppio della guerra, per fornire un adeguato supporto legale, logistico e sanitario agli operatori rossocrociati locali, il Comitato Internazionale della Croce Rossa (CICR) da Ginevra inviò subito sul posto una coppia di Delegati europei, il mastodontico avvocato di origini olandesi Sidney **Brown** e il medico della Svizzera francese Marcel **Junod** [7], i quali sbarcarono nella Capitale abissina l'otto novembre del 1936.

I due funzionari sapevano che la loro missione non sarebbe stata agevole, ma realizzarono molto presto che la mole di lavoro da svolgere era davvero immensa.

---

[7] ICRC, www.icrc.org/

Scoprirono infatti che la neonata organizzazione umanitaria poteva contare soltanto su di un laureato in Medicina [8] e nessun infermiere diplomato.

Disponeva solo di un cospicuo numero di volenterosi dilettanti, per di più **privi di scarpe** [9], impiegabili come inservienti e portantini.

Non rimase dunque che chiedere al CICR di lanciare un appello a tutte le Società aderenti al Movimento Internazionale della Croce e della Mezzaluna Rossa affinchè inviassero personale, materiali o finanziamenti.

---

[8] Si tratta del Dr. Malaku Bayen. Vedi 3.3
[9] Ethiopian Red Cross Society, www.redcrosseth.org/

1.3 Il Contributo delle altre Società Nazionali

In tutti e cinque i Continenti accolsero l'invito del CICR: le Società Nazionali rossocrociate di Australia, Canada, Danimarca, Grecia, Jugoslavia, Lituania, Lussemburgo, Portogallo, Romania, Siam, Sudafrica e Unione Sovietica fecero arrivare ad Addis Abeba soldi in contanti [10].

Oltre al denaro, la *Croix-Rouge Française* e la *Cruz Roja Espanola* spedirono in Africa anche casse di materiale farmaceutico, subito imitate dall'*Indian Red Cross Society.*

La *Turk Kizilayi* donò diecimila abiti e lo stesso fece la *Belgische Rode Kruis*, che però preferì cederli ai colleghi della *Svenska Röda Korset* [11], già operativa sul territorio.

Duecentomila fiale di tintura di iodio giunsero dalla Lettonia, mentre dal Giappone arrivarono medicinali sufficienti a curare dieci migliaia di feriti.

La *Deutsches Rotes Dach*, infine, inviò un centinaio di barelle pieghevoli, come pure la *Polski Czerwony Krziz*, che aggiunse cinque mila indumenti e dieci chili di iodio in cristalli.

Quanto all'*American Red Cross* (ARC), questa fu costretta a limitare il suo apporto alla devoluzione di 5.381 dollari [12], a seguito di una polemica sollevata dalla Croce Rossa Italiana (CRI), secondo cui l'impiego di personale federale sotto l'emblema rossocrociato avrebbe violato il diritto intrnazioanle.

---

[10] BAUDENDISTEL, *Between bombs and good intentions*, p. 61.
[11] Vedi 2.4.
[12] Telegramma del 18.11.1935, Foreign relations, 1935, pp. 895-96.

Il giurista svizzero Hans Max **Huber** [13], Presidente dell'*International Commitee of the Red Cross*, dovette spedire a Roma una comunicazione con cui garantiva che l'attività svolta dall'ARC consisteva esclusivamente nella raccolta di fondi e che ogni cittadino statunitense impegnato nell'intervento umanitario godeva della sola protezione del proprio passaporto, con l'autorizzazione di Washington.

Grazie a questi contributi, la Croce Rossa Etiope fu in grado di allestire sette ospedali da campo, diretti da medici e infermieri europei o nordamericani:

Ospedale	Direttore Sanitario	Nazionalità
1.	Dottor R. W. Hockman	Statunitense
2.	Dottor G. Dassios	Greca
3.	Dottor V. Schuppler	Austriaca
4.	Dottor R. Hooper	Canadese
5.	Dottor M.S. Belau	Polacca
6.	Dottor K. Mészàros	Ungherese
7.	Infermiere A.G. Duprey	Francese

---

[13] www.redcross.int/

All'ungherese Kalmàn **Mészàros** [14], presente in Abissinia sin dagli Anni Venti, poi divenuto medico personale di alcuni membri della Famiglia Imperiale e da qualche tempo militante nell'Esercito, fu affidata la direzione dell'Ospedale n. 6.

Per motivi non del tutto chiariti, tuttavia, questo presidio sanitario non sarebbe mai diventato operativo come tutti gli altri accampamenti rossocrociati.

Parallelamente al lavoro degli operatori umanitari locali, sei Società Nazionali del Movimento Internazionale della Croce e della Mezzaluna Rossa decisero di allestire propri ospedaletti da campo, gestiti per lo più da ufficiali della sanità militare.

---

[14] BALÁZS www.gyulaihirlap.hu

Stato	Capo missione
Svezia	Dottor Hylander
Olanda	Dottor Winckel
Regno Unito	Dottor Melly
Egitto	Generale Daud
Finlandia	Dottor Faltin
Norvegia	Dottor Ulland

2. CROCE ROSSA NEL MIRINO

2.1. Il sacrificio delle crocerossine

Lo stesso giorno dell'inizio della guerra, l'argentino Ruiz Guinazu, Presidente del Consiglio della Società delle Nazioni, a Ginevra lesse di fronte alla stampa un telegramma [15] proveniente da Addis Abeba, secondo cui:

> [...] *quattro aerei militari italiani stamattina hanno bombardato Adua, città aperta, sganciando le prime bombe su un ospedale che portava l'emblema della Croce Rossa* [...].

Stando ai corrispondenti di guerra americani [16], il *raid* avrebbe ucciso alcune infermiere di razza caucasica mentre altre sarebbero rimaste ferite.

A seguito della protesta formale dell'Imperatore Selassie, Roma ammise soltanto che alcuni velivoli avrebbero reagito all'aggressione della contraerea locale, ma, in ogni caso, escluse che ad Adua esistesse un ospedale [17].

Si sarebbe trattato, in pratica, di una sorta di "psicosi dei bombardamenti" e di una banale propaganda anti-italiana nei primi giorni di guerra [18].

---

[15] Uno per tutti: Chicago Daily Tribune, 04.10.1935, p. 5.
[16] The Brooklin Daily Eagle, 03.10.1935, p. 1.
[17] PEARCE, *Prevail*, p. 209.
[18] R DI COLLOREDO, www.storiainrete.com/

Questa opinione trovò il sostegno di un giornalista britannico [19] presente in Abissinia, il quale fece notare che le cure mediche nella zona erano interamente in mano a missionari cattolici o a preti protestanti.

Quindi derise un collega connazionale che, invece, si augurava che il sacrificio delle crocerossine non fosse risultato vano.

Diverse persone, però, garantirono di esservi state ricoverate, sebbene vi fosse una certa incongruità circa l'esatta ubicazione dello stabile.

Un architetto del Governo, inoltre, assicurò di aver conosciuto bene una delle vittime, una *nurse* di nazionalità statunitense.

John Robinson, ossia colui che sarebbe diventato il Comandante dell'Aeronautica del Negus, nel descrivere la devastante situazione della Città sotto attacco, raccontò di aver visto numerose persone cercare rifugio in quell'edificio, confidando vanamente nell'immunità dell'emblema rossocrociato [20].

Ma la testimonianza più dettagliata venne fornita da un pilota dell'Aviazione Civile, che raccontò di aver sorseggiato una cioccolata all'interno del nosocomio assieme ad un'operatrice ospedaliera trentaduenne sino a cinque minuti prima che una bomba la dilaniasse.

I Consolati locali, invero, sostennero di non sapere nulla della presenza di connazionali che lavoravano in quel sanatorio

Ciò fu giustificato dall'Ufficio Stampa abissino con il fatto che i dottori e le loro collaboratrici fossero entrati nel Paese direttamente dall'Eritrea e quindi non potevano comparire nei registri della Capitale.

---

[19] WAUGH, Waugh in Abissinia, p. 139 e ss.
[20] PEARCE, p. 202.

E' irrilevante, infine, che il Rapporto consegnato alla Società delle Nazioni nel marzo 1936 dall'Ambasciatore di Addis Abeba per denunciare i crimini contro gli insediamenti della Croce Rossa non menzionasse il bombardamento dell'ospedale di Adua [21]: l'episodio è infatti esplicitamente rilevato in una *Communication* [22] del mese successivo.

La tesi "negazionista" probabilmente trovava la sua *ratio* nel modo partigiano di interpretare il giornalismo di quei tempi, che, in questo caso, era di chiara impronta di estrema destra, ben prima che scoppiasse la guerra italo-abissina [23].

Il 14 novembre 1935, Mussolini comunicò al Generale De Bono che sarebbe stato sostituito da Pietro Badoglio, Senatore del Regno e Maresciallo d'Italia.

---

[21] MARIAM, *Dispute*, 09.03.1936.
[22] MARIAM, *Differend*, 14.04.1936, p. 10.
[23] PEARCE, www.johndclare.net/league_of_nations6b_waugh.htm

2.2 Le macerie dell'American Hospital

Nella Regione degli Amara, l'unico presidio sanitario operativo nel raggio di trecento chilometri era il *Tafari Makonnen Hospital* di Dessiè, gestito dagli Americani della Missione Avventista del Settimo Giorno.

La Croce Rossa Etiope lo inserì nella lista degli edifici autorizzati a issare l'emblema rossocrociato e ciò venne comunicato al CICR di Ginevra il 6 novembre del 1935 [24].

---

[24] Telegramma inviato il 10.12.1936, Foreign relations, pp. 900-01.

Direttore sanitario era Andreas **Stadin** [25], uno Statunitense di origini svedesi, coadiuvato dalla moglie infermiera [26].

Fu proprio il Dottore a raccontare alla stampa internazionale [27] ciò che accadde il 6 dicembre: una dozzina di velivoli sganciò circa quaranta ordigni. E appena fuori il recinto del *compound* scoppiarono delle bombe di oltre cento chili, scavando un cratere profondo e largo diversi metri.

Il *target* della Regia Aeronautica era verosimilmente il Quartier Generale dell'Imperatore Selassie.

Anzi, in un dispaccio italiano si leggeva che non era stato attaccato un centro abitato, poiché la città era stata abbandonata dai residenti, bensì una vera e propria base militare, con migliaia di soldati, armi automatiche e cannoni [28].

Fatto sta che per ben tre volte gli aerei centrarono anche il *Seventh Day Adventists Hospital*.

---

[25] Reading Eagle, 07.12.1935, p. 1.
[26] Si tratta della norvegese Elfrida Johansen. Vedi 3.8
[27] Corsicana Daily Sun, 07.12.1935, p. 14.
[28] Telegrammi inviati il 09.12.1936, Foreign relations, pp. 898-99.

La prima perforò la lamiera ondulata del tetto, la seconda esplose in una delle camere dei malati, distruggendo le apparecchiature; infine, la sala operatoria venne ridotta in macerie.

Terminato il *raid*, accorsero tutti gli operatori che lavoravano negli altri ambulatori del comprensorio; nonostante le grosse difficoltà, venne effettuata una cinquantina di operazioni, soprattutto laparatomie, trapanazioni e fratture aperte [29].

Le esplosioni sfiorarono anche il vicino Ospedale da Campo n. 3 della Croce Rossa Etiope, ma il Direttore viennese Valentin **Schuppler** [30] aveva continuato stoicamente a operare i pazienti.

 Per l'occasione, il medico venne assistito dal fotoreporter tedesco Franz **Roth** [31], improvvisatosi anestesista [32], che poi, utilizzando il camioncino della *Associated Press* come un'ambulanza, riuscì persino a trasportare un centinaio di feriti nell'ospedaletto [33].

Anche il gigantesco irlandese James **Hickey**, già Tenente dei *Royal Army Medical Corps*, ordinò ai suoi uomini di raccogliere i corpi straziati degli abitanti per ricoverarli, nonostante alcune tende bruciassero ancora e arrivassero tre feriti al minuto [34].

---

[29] JUNOD, *Il terzo combattente* , p. 39.
[30] Vedi 3.2
[31] ROTH Pamo, *Mein Opa, der Nazi-Fotograf*, 10.12.2015.
[32] Corsicana Daily Sun, 07.12.1935, p. 14.
[33] Reading Eagle, 07.12.1935, p. 9.
[34] The Milwaukee Sentinel, 07.12.1935, p. 1.

Il Dottor **Loeb**, un ufficiale pluridecorato della sanità militare germanica in forza al Secondo Ospedale Etiope [35], portò i giornalisti laddove si trovava una donna con gli arti inferiori e il petto devastati dalle schegge [36].

La coraggiosissima infermiera **Hovig**, autentica colonna dell'*American Hospital*, dopo essere riuscita a portare in salvo i suoi pazienti, era caduta rovinosamente nel tentativo di mettersi al riparo, saltando in una trincea.

Venne subito messo a disposizione l'aereo personale dell'Imperatore per il trasporto della *nurse* ad Addis Abeba: il giorno seguente, la radiografia confermò la rottura di entrambe le gambe.

Ma il Primario locale riferì che, più che per il dolore fisico, la Hovig stava soffrendo per aver dovuto lasciare il suo posto di lavoro [37].

Il Segretario Generale del CICR Lambie protestò con il Governo italiano, definendo l'attacco dal cielo un "atto inumano e barbaro" [38].

In replica, Roma disse di ignorare l'esistenza di un ospedale americano a Dessiè e che comunque non aveva ricevuto alcun comunicato circa la presenza di un edificio protetto dall'emblema rossocrociato.

Sicuramente, l'*International Commette of the Red Cross* non si deve essere affrettata ad inoltrare alla Croce Rossa Italiana la lista dei presidi sanitari autorizzati a godere della protezione umanitaria in territorio abissino.

---

[35] Vedi 3.3
[36] Time, 16.12.1935, www.museobadoglio.altervista.org
[37] DICK, *Our Losses in Ethiopia*, 02.1936, vol. 8, 2, pp. 1-2.
[38] Telegramma inviato il 10.12.1936, Foreign relations, pp. 900-01.

Come risulta dal testo del già citato dispaccio [39], tuttavia, i piloti erano ben consapevoli di un vessillo bianco con una croce di colore rosso che sventolava sullo stabile

occupato solo da elementi
che nulla avevano a che fare con l'ospedale,
in particolare comandanti
che avevano ritenuto prudente nascondersi
sotto la bandiera della Croce Rossa.

Alcuni giorni dopo il bombardamento, giunse a Dessiè un convoglio di sei *camion* con nuovo materiale sanitario.

Alla guida c'era il Delegato CICR Marcel Junod [40], a cui il Negus avrebbe confidato che

sotto le bombe,
i medici della Croce Rossa sono stati eroici.

Quei medesimi dottori, assieme ai giornalisti presenti, firmarono un documento di protesta [41].

Ma al polacco Belau, in seguito, questo gesto sarebbe costato molto caro [42].

---

[39] Traduzione del testo in inglese, Foreign relations, p. 899.
[40] JUNOD, op. cit., pp. 36 e ss.
[41] MARIAM, *Communication*, p. 10
[42] Vedi 3.5

2.3 Il calvario del Quarto Ospedale Abissino

Il reverendo presbiteriano E. Ralph **Hooper** [43], canadese dell'Ontario, medico sessantacinquenne e stimato *Demonstrator of Anatomy* presso l'Università di Toronto, da quattro anni stava lavorando presso il Lebbrosario di Addis Abeba, per conto della *Sudan Interior Mission* (SIM) [44].

Assieme agli assistenti Allen Smith e Alan Webb, ottenne l'oneroso incarico di dirigere il Quarto Ospedale da Campo della Croce Rossa Etiope, ausiliario dell'Armata del Ras Destà, sul Fronte Sud [45].

Il 12 novembre 1935 partirono dalla Capitale con destinazione la Regione Sidamo, accompagnati da numerosi missionari della SIM..

Cinque giorni dopo raggiunsero Irgalem, preso cui dovettero abbandonare i loro automezzi, sicuramente non idonei al trasporto in montagna, per continuare a dorso di mulo.

Durante il viaggio, gli operatori umanitari poterno assistere impotenti alle impietose incursioni dei bombardieri della Regia Aeronautica, che devastavano pacifici villaggi, trasformandoli in luoghi di morte.

---

[43] The Winnipeg Tribune, 21.09.1935, p. 10
[44] Spokane Daily Chronicle, 28.11.1936, p. 8
[45] RICE, *Eclipse in Ethiopia and its Corona Glory*, pp. 59 e ss.

Nonostante molte difficoltà nei trasporti, durante un tragitto nel deserto durato una decina di giorni, l'Unità raggiunse Neghelle, dove si potevano vedere i crateri degli ordigni lanciati dagli Italiani

Il 15 dicembre 1936, la cittadina subì un bombardamento dal cielo [46].

Tre squadroni da cinque apparecchi ciascuno cominciarono a bersagliare un obiettivo molto facile, dal momento che non c'era alcun tipo di protezione né un luogo presso cui mettersi in salvo, fatta eccezione per l'opportunità di sdraiarsi proni sul terreno.

Una serie di bombe incendiarie avvolse le abitazioni, provocando dense nubi di colore rossastro.

Molte persone vennero ferite dalle schegge agli occhi, al viso, agli arti, alle spalle e al petto.

Alcuni morirono subito, altri in seguito, ma la maggior parte fu soccorsa in tempo dai dottori, i quali, cessato il pericolo, riuscirono subito a garantire le condizioni cliniche minime e operarono ininterrottamente per oltre cinque ore.

La notte successiva, le guide disertarono, pregiudicando la possibilità di rimettersi in marcia.

Due giorni dopo, però, giunsero i magnifici *camion* della Croce Rossa Svedese, grazie alla quale si potè erigere un attrezzatissimo presidio sanitario, capace di ospitare una sessantina di pazienti.

Il 30 dicembre, lo stesso terribile *raid* dell'Aviazione italiana che devastò la *Svenska Ambulansen* di stanza a Melkadida [47] colpì marginalmente anche il Quarto Ospedale.

---

[46] HOOPER, *Some experiences in Ethiopia,* pp. 86-87.
[47] Vedi 2.4.

Fortunatamente non ci furono vttime [48] e lo stesso Direttore non venne coinvolto poiché in quel momento si trovava un po' più ad est [49].

Gli Scandinavi cedettero due dei loro automezzi - rimasti indenni dopo l'incursione - ai colleghi della Croce Rossa Etiope, che il 13 gennaio 1936 poterono finalmente riprendere il viaggio verso il fronte meridionale [50].

Ma sulla strada si imbatterono in una banda di predoni che puntarono loro i fucili, probabilmente scambiandoli per Italiani [51].

Non fosse stato per l'intervento di un ufficiale abissino, gli operatori umanitari sarebbero stati tutti uccisi.

Il Ras Destà e una dozzina di soldati, braccati dai nemici, si rifugiarono sul convoglio del Dottor Hooper e tornarono a Neghelle [52].

Qui, però, furono presi di mira altre tre volte da quindici aeroplani e quindi non vi fu altra scelta che cercare di arrivare a Uadara, attraverso un'ottantina di chilometri di foreste di montagna, inseguiti da due centinaia di mezzi motorizzati.

Agli uomini rossocrociati fu imposto di raggruppare tutto il materiale in un solo *camion* e raggiungere una determinata località nascosta dagli alberi, dove avrebbero potuto continuare la fuga a dorso di cammelli.

Il calvario, tuttavia, non era finito: giunse la notizia che i militari italiani erano oramai arrivati anche lì.

---

[48] The Montreal Gazette, 07.01.1936, p. 7.
[49] Urbana Daily Courier, 31.12.35, p. 1.
[50] HOOPER., op. cit., pp. 88 ss.
[51] RICE, op. cit., pp. 66 e ss.
[52] PEARCE, *Prevail*, pp. 347-348.

Non rimaneva, dunque, che abbandonare il *motor truck* con tutto il suo prezioso equipaggiamento e, dopo cinque faticosissimi giorni di cammino, mettersi in salvo a Irgalem.

Il Reverendo e i suoi collaboratori furono imbarcati su di un aeroplano, su cui era ben evidente la croce di colore rosso su sfondo bianco, diretto ad Addis Abeba [53].

---

[53] RICE, op. cit., pp. 66 e ss.

2.4 La devastazione della Svenska Ambulansen

Il Principe Carlo di Svezia aveva dato al Governo l'autorizzazione per inviare in Abissinia un Ospedale da Campo della Croce Rossa lo stesso giorno dell'attacco italiano: immediatamente fu aperta una raccolta di fondi e, con il grosso contributo dei sindacati confederali e dell'unione delle cooperative, in meno di sei settimane si raccolsero settecentomila corone [54].

Poté così giungere in Africa anche la *Svenska Ambulansen*, che, a seguito di un'esplicita richiesta dell'Imperatore Selassie, venne subito divisa in due gruppi. Coadiuvato dal suo giovane assistente Eric **Smith**, il Dottor Fride **Hylander** [55], il quale era un grande esperto della realtà locale poiché lavorava in un nosocomio nella Regione di Harar sin da quando era studente, prese la guida del reparto sanitario più numeroso.

Le funzioni di assistente spirituale nonché di sovrintendente amministrativo e di vice-comandante della Missione scandinava vennero affidate al Pastore Josef **Svenson** [56], già missionario in varie località abissine.

---

[54] HALLDIN NORBERG, *Swedes*, pp. 156 ss.
[55] KJELLBERG, *Svenska Abissinienambulansen*, pp. 104-105.
[56] Ibidem.

Cinque *camion* attrezzati per l'occasione si avviarono alla volta del fronte meridionale, fecero una sosta a Irgalem, dove furono ricevuti dal Ras Destà e la Principessa Tenanyewerk.

I Rossocrociati, scortati da una *Balambaras Siyoum* e tre vecchissime *motorcars* messe a disposizione del Governo, il 19 dicembre raggiunsero Melkadida [57], vicino al confine della Somalia italiana e a soli cinque chilometri dal Quartier Generale del Ras, allestirono un Ospedale da Campo composto da 17 tende con l'evidente emblema della croce di colore rosso.

Tre giorni dopo cominciarono ad affluire i pazienti, ma due aerei sorvolarono la zona e fecero esplodere alcuni ordigni vicino al campo, che poi fu preso di mira da una scarica di mitragliatrice; fortunatamente, non vi furono danni a persone e a cose [58].

La mattina del 30 dicembre 1935, sei velivoli da guerra sganciarono più di cento bombe su tutta l'area e distrussero completamente il presidio svedese e quasi tutto l'equipaggiamento sanitario.

Le continue esplosioni provocarono una trentina di crateri e coinvolsero circa cinquanta persone, che accusarono mutilazioni e altre gravi ferite; alla fine, si contarono 42 vittime.

Un messaggio caduto dal cielo, scritto in aramaico e firmato dal Comandante Rodolfo Graziani, recitava sostanzialmente: avete trasgredito il diritto delle nazioni uccidendo un aviere prigioniero [59] e state ricevendo la giusta punizione.

---

[57] Località sita a 70 chilometri a nord di Dolo, nella Regione Somala.
[58] HYLANDER, *I detta tecken med Svenska Röda Korset*, pp. 50-53.
[59] Si riferiva al Tenente Minniti, vedi 4.4

Con un telegramma di due mesi prima [60], il Primo Ministro Mussolini aveva autorizzato il Generale a

liberarsi dei missionari svedesi.

Il Direttore Hylander venne colpito alle spalle, al fianco ed alla gamba destra e fu necessario aviotrasportarlo ad Addis Abeba per poterlo ricoverare in un'ospedale meglio attrezzato. Rimase ferito leggermente lo studente di Medicina Manfred **Lundgren** [61].

Un ordigno scoppiò in prossimità del *camion* all'interno del quale s'era rifugiato l'infermiere Gunnar **Lundström** [62]: una sua mascella era irrimediabilmente compromessa dai frammenti e dopo un'agonia di molte ore perì a causa delle ferite [63].

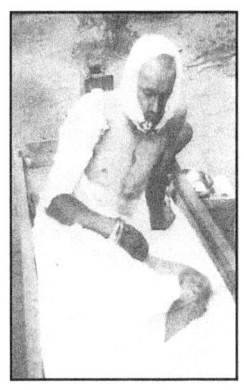 

---

[60] COFFEY, p. 265-68.
[61] KJELLBERG, op. cit., pp. 104-105.
[62] BAUDENDISTEL, *Between*, pp.136-37.
[63] The Philadelpia Inquirer, 05.01. 1936, p.1

La condanna dell'opinione pubblica internazionale fu ferma e ciò provocò un certo imbarazzo nel Governo di Roma.

In un telegramma [64] inviato il 2 gennaio 1936, il Presidente del Consiglio Benito Mussolini raccomandò infatti al Maresciallo Badoglio:

Bisogna soltanto cercare di evitare
le istituzioni internazionali croce rossa.

Ad ogni modo, sebbene ridotto nel numero, il primo gruppo svedese riprese il suo lavoro per tutto gennaio: vennero assistiti oltre un migliaio di pazienti, garantendo 750 interventi ordinari e operazioni più complesse [65].

Il 13 gennaio a Melka Dida, le truppe *dubat* [66] del Maresciallo Graziani trovarono per terra una costosa fornitura di guanti di gomma sottile per chirurgia, garze e bende di cotone idrofilo, barelle, vasche da bagno e altro materiale sanitario; il 20, i soldati trovarono in una rudimentale costruzione di Neghelli un'ingente quantità di medicinali abbandonata [67].

In febbraio rientrarono ad Addis Abeba; Smith [68] decise di tornarsene in Svezia per ragioni di natura politica, mentre l'ex legionario Kurt **Ahlander** [69] fu costretto a partire perché si era gravemente ammalato.

---

[64] DEL BOCA, *I gas di Mussolini*, p. 39.
[65] HALLDIN NORBERG, op. cit., pp. 161 e ss.
[66] Soldati somali aggregati al Regio Esercito.
[67] BENEDETTI, *La guerra equatoriale*, pp. 122 e 138.
[68] ULLAND Gunnar, *Under Genferkorset*, pp. 25 e ss.
[69] KJELLBERG, op. cit., pp. 104-105.

Al contrario, il Dottor Eric **Norop**, il Sergente Anders **Joelsson** e lo studente di Medicina Ake **Holm** [70] accettarono con grande spirito di corpo di continuare la missione africana nonostante le sofferenze patite.

Il gruppone quindi si riorganizzò a marzo e si rese più mobile grazie all'acquisto di una trentina di muli; sino a quel momento, aveva assistito circa 1.800 pazienti, di cui 27 vittime del gas iprite [71].

Poi si avviò verso la Regione di Bale per stabilire un contatto con il secondo gruppo.

Di quest'ultimo, il *leader* era il Dottor Gunnar **Agge** [72], il quale aveva già avuto due importanti esperienze di lavoro in Abissinia, dapprima ad Harar in qualità di consigliere dell'istituendo Servizio Sanitario Nazionale e successivamente nella Regione dell'Ogaden come medico militare di

stanza presso un reparto di novemila uomini dell'Esercito.

---

[70] KJELLBERG,, pp. 104-105.
[71] Vedi 3.1.
[72] KJELLBERG, pp.104-105.

Si era messo in viaggio per Elod, località del Sudest che avrebbe raggiunto in due mesi, con l'infermiera Knut Johansson e una decina di inservienti locali.

Con la collaborazione del medico Torgny **Björk** [73], il gruppetto poté dunque assistere circa mille e trecento pazienti.

L'undici aprile del '36 i due reparti della *Svenska Abissinienambulansen* si riunirono a Elod e a maggio cominciò il viaggio di ritorno; il territorio era in piena anarchia per la disfatta dell'Esercito Abissino e i *raids* italiani.

Raggiunsero avventurosamente la cittadina di Irgalem il 28 giugno.

La strada verso Nord era chiusa per la guerra, quindi un missionario neozelandese, in quota alla Croce Rossa Etiope, suggerì loro di dirigersi a Sud [74].

L'equipaggiamento e i pochi medicinali rimasti superstite vennero ceduti ai colleghi norvegesi.

Il convoglio partì la mattina del 13 luglio per il Kenia e il 3 settembre 1936, i Rossocrociati poterono rientrare a Stoccolma. [75].

---

[73] KJELLBERG, op. cit., pp. 104-105.
[74] JOHANSSON, *På äventyr*, pp. 176 e ss.
[75] AGGE, *Med Röda*, pp. 163 e ss..

2.5 Lo squarcio dell'emblema Finnico-Egiziano

 In Abissinia, durante la guerra con l'Italia, non operavano soltanto operatori umanitari rossocrociati: anche la Mezzaluna Rossa Egiziana, infatti, aveva deciso di inviare tre squadre sanitarie [76]. Il Capo della Missione era il Principe Ismail **Daud** [77], un Generale di Brigata formatosi a Il Cairo presso la Scuola Militare di *El-Abbassia* [78].

Da novembre 1935 si insediò una prima Unità a Giggiga, nella Regione Somala, a soli sessanta chilometri dal confine con la Somalia Britannica, presso una Missione gestita da monaci maltesi

Qui, a metà dicembre giunse, di passaggio verso la prima sede di Dessiè, la *British Ambulance* [79].

I colleghi inglesi, visitando tanti pazienti, molti dei quali feriti, considerarono molto istruttivo l'incontro, quasi un battesimo del fuoco [80].

Un secondo reparto montò le tende a Bullaleh [81], ma gli ultimi due giorni del 1935 otto velivoli della Regia Aeronautica, mitragliarono il campo [82]; cinque bombe furono sganciate a meno di cento metri dagli operatori [83].

---

[76] HAGGAI, *The Cross and the River*, p. 104.
[77] KARKÉGI PACHA, www.egyptedantan.com
[78] BUYERS, *The Muhammad 'Ali Dynasty*, www.royalark.net/
[79] Vedi 3.6
[80] MACFIE, *An Ethiopian Diary*, p. 16.
[81] MARIAM, *Dispute*, p. 4
[82] Impervia località nella Regione Somala.
[83] MARIAM, *Communication*, pp. 11 e 13.

Il Governo de Il Cairo elevò una formale protesta [84], anche per il bombardamento avvenuto il 4 gennaio 1936 presso il Primo Ospedale della Croce Rossa Etiope di Dagabur, sempre nella Regione Somala, dove era distaccata la terza squadra egiziana [85].

L'11 e il 12 febbraio, cinque aerei tornarono a Bullaleh e sganciarono undici bombe al primo *raid* e ventidue al secondo, a soli cinque metri dall'ospedaletto, che fu anche oggetto di mitragliamento [86].

Nel frattempo, in Finlandia, la locale Società di Croce Rossa aveva raccolto la somma di denaro sufficiente per inviare in Africa un'unità sanitaria attrezzata, composta da cinque uomini.

A dirigerla c'era il Professor Richard Wilhelm Gottlieb **Faltin** [87], noto a livello internazionale per le sue pubblicazioni di chirurgia plastica e uretrale. In qualità di ufficiale medico nel conflitto russo-giapponese del 1904-05 e poi nella Grande Guerra, aveva sviluppato innovativi metodi per trattare le ferite da proiettile [88].

Della squadra facevano parte anche il Dottor Arvo A. Seppälä, l'odontoiatra Severin Tigerstedt, l'autista-meccanico Birger Lundström e, come corrispondente di guerra, lo scrittore Arvid Håkan Mörne [89].

---

[84] Spokane Daily Chronicle, 10.01.1936, p.1.
[85] Vedi 2.6
[86] League of Nations, *Report tot he Council*, p. 8
[87] Museoviraston Kuvakokoelmat, www.kuvakokoelmat.fi/pictures/
[88] Uppslagsverket Finland, *Faltin, Richard*, www.uppslagsverket.fi/
[89] JALONEN, https://historyandfutility.wordpress.com

La spedizione era ben equipaggiata e tre *camion* avevano tutto il necessario per implementare un ospedale da campo da cinquanta letti, due macchine radiologiche e un generatore.

Raggiunta l'Abissinia all'inizio di febbraio 1936, per le prime settimane piantarono le tende all'interno del mal ridotto ospedale di Dagabur, dove i malati non godevano di latrine, seminudi ed esposti a scorpioni e ragni.

Provvidero dapprima all'assistenza ordinaria degli indigeni, colpiti da dissenteria e da parassiti e successivamente assistenza policlinica per un migliaio di persone; le condizioni igienico-sanitarie migliorarono grazie agli infermieri, che procurarono acqua potabile e isolarono i pazienti affetti da malattie trasmissibili.

I Finlandesi cercarono quindi di spostarsi verso Giggiga, sebbene la pioggia rendesse il terreno davvero arduo e spesso i mezzi rimanevano bloccati nel fango; all'inizio di marzo raggiunsero i colleghi dell'Egitto.

Le due Missioni, allora, decisero insieme di organizzare un'efficace divisione del lavoro: gli Africani avrebbero gestito gli interventi di medicina generale, mentre gli Europei si sarebbero concentrati sulle operazioni più specialistiche e complesse.

Nell'ambito dello stesso comprensorio, dunque, il vessillo della Croce Rossa sventolava accanto a quello della *Red Crescent*.

Ma l'emblema umanitario finnico-egiziano venne presto squarciato: la Regia Aeronautica attaccò Giggiga, scaricando centinaia di ordigni; uno di questi distrusse il presidio finlandese il 22 marzo1936, uccidendo un paziente e ferendone sei [90].

Faltin e i suoi collaboratori avevano appena riconvertito la locale stazione di benzina in un dignitoso ospedaletto.

Il giorno dopo, le tende della Mezzaluna Rossa furono oggetto di mitragliamento dal cielo e il 25 subirono un altro bombardamento [91].

Il Dottor Mohamed Al Sawy Gomaah morì per le ferite riportate [92].

Il 29 marzo, aerei italiani sorvolarono Harar [93] e lanciarono bombe incendiarie, alcune delle quali sfiorarono anche un posto medico gestito dagli Egiziani [94].

A metà aprile, i Finlandesi recuperarono l'efficienza e in tre settimane operarono 211 pazienti e assistettero altre 1350 persone.

Poi furino costretti ad una precipitosa fuga per l'arrivo delle truppe di Graziani, alle quali dovettero lasciare interi pacchi di medicazione nel fango e poi anche delle barelle [95].

Infine, si rifugiarono nella Somalia Francese, per tornare definitivamente in Patria [96].

---

[90] The Evening Independent, Massillon, 23.03.1936, p. 1

[91] MACFIE, *An Ethiopian Diary*, p. 132

[92] Observatoire Humanitaire , www.observatoire-humanitaire.org/

[93] Città sita a cento chilometri ad ovest di Giggiga.

[94] League of Nations, *Report tot he Council*, p. 8

[95] BENEDETTI, p. 242.

[96] JALONEN, https://historyandfutility.wordpress.com

2.6   La fine dell'immunità del Primo Ospedale Etiope

Il Direttore dell'Ospedale da Campo n. 1 della Croce Rossa Etiope si chiamava Robert W. **Hockman** [97]. Frequentando il *Muskingum College*, nell'Ohio, aveva avuto modo di conoscere Malaku Bayen, il parente del Negus che poi avrebbe lavorato nel presidio rossocrociato di Dessiè [98]. Dopo essersi laureato in Medicina alla *Northwestern University* di Chicago, il giovane Statunitense se ne era andato a lavorare per due anni in Abissinia, presso la Missione Presbiteriana che gestiva il *George Memorial Hospital* di Addis Abeba.

Quando cominciarono i combattimenti, si aggregò alle truppe locali del Fronte Sud e insistette per andare più avanti possibile, fino a che le Autorità militari lo avessero permesso [99].

Stabilì la sua *Ambulance* a Dagabur, nella Regione Somala, sotto il costante pericolo di venire catturato e di essere coinvolto nei numerosi e terribili *raid* aerei.

Ma, subito dopo ogni famigerata incursione condotta dell'Aviazione del Maresciallo Graziani, il ventinovenne chirurgo di Wheaton, Illinois, era sempre pronto al suo posto.

---

[97]   Billy Graham Center, www2.wheaton.edu/
[98]   Vedi 3.3
[99]   Urbana Daily Courier, 14.12.1935, p. 1.

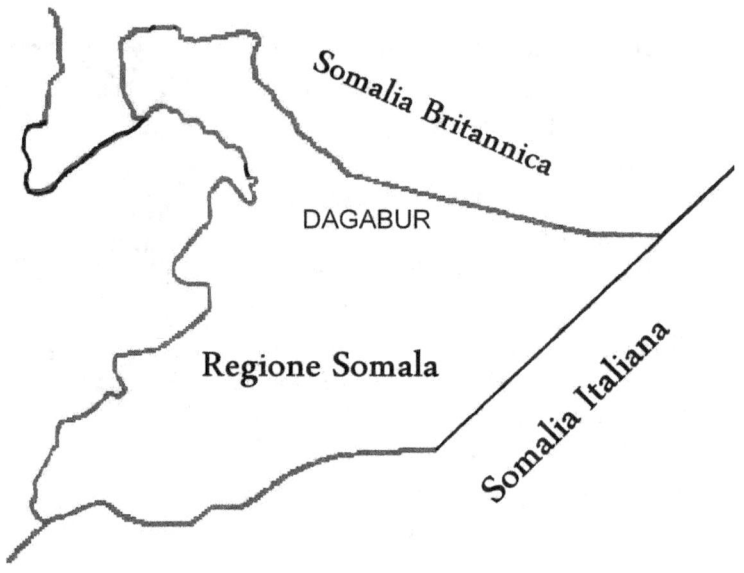

Quando rimase ferito, sbalordì tutti i pazienti del suo piccolo nosocomio, lavorando con ferite che avrebbero invalidato chiunque altro [100].

E appena poteva, si recava al fronte per assistere i soldati che soffrivano di scabbia o di altre malattie.

Il Console Britannico di Harar, dopo avergli fatto visita, rimase entusiasta del coraggio e dello spirito di sacrificio del medico, che costituiva un autentico esempio da imitare.

---

[100] Urbana Daily Courier, 14.12.1935, p. 1.

Hockman non si fermò neppure quando ricevette dall'Egitto un telegramma da parte della moglie che lo informava di essere diventato padre.

Sia gli Africani che gli Americani, però, temevano per la sua vita: gli apparecchi italiani sino a quel momento avevano sostanzialmente rispettato il reparto, ma i bombardamenti nella zona erano troppo frequenti ed intensi.

L'aiuto farmacista della Mezzaluna Rossa Elias Mokbel dichiarò ad un quotidiano parigino [101] che l'11 novembre '35 alcuni soldati abissini si erano rifugiati nell'Ospedale n. 1; inoltre, quando giunse il Ras Nassibou, gli aerei mitragliarono la sua auto.

In quell'occasione, il Direttore avrebbe fatto presente alle Autorità i pericoli per il presidio sanitario - nonostante la presenza dell'emblema rossocrociato - e sollecitato un intervento per prevenire il ripetersi di simili episodi, difficilmente compatibili con il concetto di "neutralità" degli ospedali in guerra [102].

Gli fu fatale l'unico genere di ricreazione che si poteva permettere: nell'intervallo tra un intervento in sala operatoria ed il servizio in corsia accanto alle vittime di guerra, si dilettava infatti a fotografare i velivoli da combattimento, a collezionare frammenti di ordigni esplosi e, incautamente, a dissotterrare quelli inesplosi, sulla cui superficie cercava di leggere il numero di serie [103]. Perse la vita il 12 dicembre 1935, proprio a seguito dello scoppio di una bomba del tipo *dud* [104].

---

[101] L'Écho de Paris, 07.02.1936, p. 6.
[102] Vedi 4.1
[103] Urbana Daily Courier, 14.12.1935, p. 1.
[104] Beeld Bank WO2, www.beeldbankwo2.nl

Il Comandante dell'Aviazione Civile, John C. **Robinson** [105], che già aveva organizzato un ponte aereo per rifornire la Croce Rossa Etiope del materiale sanitario proveniente dall'estero, ordinò che la salma del medico americano venisse aviotrasportata dal fronte ad Addis Abeba, dove le furono tributati gli alti onori militari [106].

Il 4 gennaio 1936, cioè appena tre settimane dopo la morte del Rossocrociato, sei aeroplani della Regia Aeronautica presero di mira anche il Primo Ospedale, mettendo così fine alla sua sostanziale immunità: i danni furono notevoli, ma fortunatamente non si registrarono vittime [107].

Vennero lanciate almeno cinquanta bombe tra le tende del campo, ma pure sul personale che cercava rifugio in una trincea poco distante: gli occhiali di uno dei dottori furono frantumati da una scheggia [108].

[105] SIMMONS, op. cit, http://rastafarigroundation.com
[106] ROBINSON, *Father of the Tuskegee Airmen*, p. 136.
[107] The Philadelpia Inquirer, 05.01.1936, p.1.
[108] MARIAM, *Communication*, p. 11.

Il Governo si informò degli effetti del bombardamento presso i missionari maltesi Snokks e Dikkens, i quali, succedendo al Dottor Hockman, si stavano occupando della gestione dell'Ospedale di Dagabur, con la preziosa collaborazione di un'unità della Mezzaluna Rossa Egiziana [109], composta da sedici operatori umanitari, tra medici e infermieri [110].

---

[109] Vedi 2.5.
[110] DE BONO, www.timesofmalta.com/

2.7   Le bombe sui rifornimenti

Durante la prima Guerra Mondiale, aveva militato nel Corpo dei Fucilieri Irlandesi, sino a raggiungere il grado di Maggiore. Una volta congedato, Gerald Achilles **Burgoyne** [111] si era messo a disposizione della neonata Croce Rossa Etiope; gli venne affidato il difficile ruolo di portare medicinali ed altro genere di materiale utile ai vari  ospedali da campo, servendosi di due centinaia di muli.

Essendo un vero maestro di equitazione, ritenne che il compito fosse alla sua portata e quindi accettò con entusiasmo un compito che gli sarebbe costato la vita.

Organizzò un primo Campo di Rifornimento a Dessiè, nel medesimo comprensorio in cui gli Avventisti del Settimo Giorno americani gestivano il *Tafari Makonnen Hospital* [112].

Ne allestì anche un altro, in cui era ben visibile la croce di colore rosso su sfondo bianco, cinquecento chilometri più a Sud, nei pressi di Ualdia, da dove partivano i rifornimenti per gli ospedali n. 2, 3 e 5.

E proprio in quella cittadina si trovava il 15 gennaio 1936, quando tre apparecchi della Regia Aeronautica apparvero da Nord.

---

[111] BURGOYNE, *The Burgoyne Diaries*, quarta di copertina.
[112] Vedi 2.2.

Da militare esperto, si accorse immediatamente che avrebbero bombardato e quindi cercò di mettersi in salvo.

Mezza dozzina di esplosioni sconquassarono le tende dell'Ufficiale e di sua moglie e provocarono crateri di oltre quattro metri e mezzo di diametro e 150 centimetri di profondità [113].

Un telegramma venne allora inviato alla *British Ambulance* di Dessiè, chiedendo immediata assistenza per i feriti; la sera stessa tre *camion* rossocrociati si avviarono per una strada accidentata di centoventi chilometri.

Il giorno dopo, il convoglio riuscì a raggiungere Ualdia, dopo un **viaggio complicato** [114].

---

[113] RANKIN, *Telegram from Guernica*, p. 4.
[114] MACFIE, op. cit., pp. 32-33 e 43-44.

Il personale rossocrociato dovette soccorrere i residenti, reduci da un precedente *raid* e quindi si fermò per la notte, accampandosi su una collina.

Poi si diresse verso Sud, nell'area in cui era allocato il Campo, e subito si avvicinarono moltissime persone bisognose di cure.

Nei tre giorni successivi, i medici e gli infermieri si occuparono anche di coloro che giungevano dai villaggi circostanti, dato che da quelle parti non si era mai visto alcun tipo di servizio sanitario.

Burgoyne era dunque scampato a questo attacco dal cielo e poté tornare alla sua importantissima attività logistica a dorso di mulo.

Ma, dopo solo un mese e mezzo, il Maggiore venne rapito dai predoni *shifta* e probabilmente fu in quella occasione che trovò la morte.

Esiste tuttavia un'altra versione, secondo cui, un volta liberato dai suoi aguzzini, si sarebbe aggregato alle truppe del Ras Kabeda e, nei pressi di Amba Alaji, una bomba lanciata da un apparecchio della Regia Aeronautica lo avrebbe centrato mentre stava soccorrendo alcuni soldati feriti [115].

---

[115] MACFIE, pp.78-79.

1. GUERRA CHIMICA E LA CROCE ROSSA

3.1. L'arsenale chimico italiano

Lorenzo Taezaz era un funzionario della colonia italiana dell'Eritrea, ma nel 1933 si rifugiò ad Addis Abeba, dove scalò la Pubblica Amministrazione sino a diventare il segretario personale dell'Imperatore Selassie.

Secondo la testimonianza della figlia Woizerit, questa fuga divenne necessaria in quanto il Padre, mentre catalogava alcuni *files* [116], avrebbe letto un documento coperto da segreto militare, che aveva per oggetto il piano dell'invasione dell'Abissinia, anche mediante l'utilizzo di sostanze tossiche.

Inorridito, sarebbe dunque riuscito ad espatriare e, nel giro di pochi giorni, a farsi ricevere nientemeno che dal Negus.

Il sospetto dell'imminente uso di gas tossici, invero. Si era diffuso anche presso i diplomatici occidentalI: il Governo di Londra fece distribuire gratuitamente delle *gas masks* a tutti cittadini anglofoni presenti nella Capitale [117].

Il Regno d'Italia aveva portato in Africa un vero e proprio arsenale chimico, ossia bombe che contenevano la famigerata "iprite", così chiamata perché impiegata per la prima volta [118] dai Tedeschi presso la cittadina belga di Ypres, durante la Grande Guerra .

---

[116] KINDE, http://wemezekir.blogspot.de/
[117] Telegramma del 03.10.1935, Foreign Relations, I, 1935, p. 891.
[118] Il 12.07.1917.

L'iprite, detta anche "mostarda" per un odore dovuto ad una impurità, attacca gli organi respiratori, gli occhi e le membrane nasali.

Ma produce anche bruciori e vesciche su tutto il resto del corpo, penetrando persino attraverso l'uniforme, a meno che non si indossino abbigliamenti speciali; aggredisce cellule e tessuti all'insaputa del colpito, il quale se ne accorge sempre troppo tardi.

Se sparsa in forma di pioggia finissima o di rugiada, aderisce pure ai veicoli, che a loro volta possono infettare posti di comando, ambulanze, depositi di alimentari o di munizioni e pure abitazioni.

Viveri, acqua e materiale diventano inservibili, se non disipritati: tutto quanto viene in contatto con il gas deve essere rigenerato, anche se non è facile.

E anche il terreno rimane impraticabile per settimane sia per truppe a piedi che a cavallo [119].

L'elenco completo dei bombardamenti effettuati sul fronte abissino con i gas è davvero impressionante [120].

In questa sede, verranno analizzati soltanto gli attacchi che hanno in qualche modo coinvolto il personale della Croce Rossa.

[119] VEGEZZI, p. 48.
[120] DEL BOCA, *I gas di Mussolini*, pp. 141 e ss.

3.2   Il gas e il Terzo Ospedale Etiope

Prima di trasferirsi in Africa, il viennese Valentin **Schuppler** era stato assistente primario nel nosocomio di Wiener Neustadt [121] ed anche autore di varie pubblicazioni di chirurgia ortopedica [122].

Nel tempo libero, però, frequentava l'ambiente sovversivo dei gruppi nazisti, nel quale si stava progettando un colpo di Stato ai danni del regime clericale di Engelbert Dollfuss al fine di favorire l'annessione dell'Austria al Terzo Reich.

Quando, nel luglio del 1934, il Cancelliere austriaco venne ucciso dai terroristi dell'estrema destra, Mussolini, che almeno in un primo momento si era mostrato fortemente contrario alla cosiddetta *Anschluss* [123], arrivò al punto di inviare delle truppe al Brennero.

Hadolf Hitler, spiazzato dalla posizione italiana, fu quindi costretto a condannare l'attentato e, coerentemente, a negare ai congiurati l'asilo in Germania.

Il medico cominciò dunque a coltivare un sentimento di autentico odio nei confronti del Duce e decise di "militare" contro di lui: braccato dalla Polizia, decise di rifugiarsi in Abissinia, che nell'ottobre 1935 era stata attaccata proprio dalle Forze Armate fasciste.

Ad Addis Abeba, ottenne con facilità l'incarico di dirigere l'Ospedale da Campo n. 3 della neonata Croce Rossa Etiope, ausiliaria dell'Esercito che combatteva contro gli occupanti.

---

[121]   Città della Bassa Austria, sessanta chilometri a sud di Vienna..
[122]   Cfr. Springer Link, www.authormapper.com
[123]   L'annessione dell'Austria alla Germania nazista.

47

A seguito del bombardamento aereo di Dessiè del 6 dicembre '35 [124], il campo fu chiamato a trasferirsi nella Regione del Tigrè, al seguito delle truppe comandate dal Ras Kassa Haile Darge.

 Principale collaboratore del Direttore era l'indiano **Ashmed** [125], un bravo sanitario che tuttavia anteponeva a qualunque altra cosa le liturgie della religione indù, al punto da lasciare i propri pazienti al momento della preghiera quotidiana [126]. Ma il 22 dicembre, quando il campo venne attaccato dai banditi - che uccisero due membri dello staff e bucarono le tende con le pallottole - per evitare il saccheggio fu assai lesto a portare al sicuro l'intera scorta dei medicinali [127].

Nell'ultima settimana del 1935, il presidio accolse le prime persone colpite dalla mostarda, quasi tutte donne e bambini; i militari irlandesi John Marius **Brophil** [128] e James **Hickey** [129], che avevano avuto a che fare con quel gas nella Grande Guerra, furono in grado di descrivere alla stampa [130] gli effetti di un'arma del genere.

Le vittime, infatti, soffrivano l'agonia tipica di chi si sente avvolto dal fuoco, mutilato, ustionato sulle mani e sul viso, accecato, soffocato e con grave difficoltà a respirare.

---

[124] Vedi 2.2.
[125] JUNOD, op. cit., p. 51
[126] Idem, pp. 33
[127] The Afro American, 02.05.1936, p. 3.
[128] Capitano del *Leinster Regiment*.
[129] Tenente del *Royal Army Medical Corps*.
[130] BROPHIL, The Spectator, 24.04.1936, pp. 12-13.

Il trasporto dei pazienti costituiva dunque un grosso ostacolo per continuare il viaggio verso Nord; non c'era altra scelta che lasciarli alla provvidenza, ma è facile comprendere quali sofferenze devono aver sofferto, anche per la mancanza di una terapia adeguata.

Il numero delle persone assistite era notevole, ma quello di coloro che non avevano avuto alcun trattamento era inevitabilmente molto maggiore.

La mattina del 4 gennaio 1936, il campo venne eretto nei pressi del Lago Ashanghi [131], in una piana totalmente a sua disposizione, dato che i soldati abissini più vicini erano ubicati ad almeno quattro chilometri.

Nell'attesa dell'arrivo dei primi utenti dai villaggi circostanti, reduci da un attacco con i gas tossici, tre apparecchi della Regia Aeronautica apparvero in cielo.

Dopo aver fatto alcuni giri intorno, i piloti - i quali non potevano non aver visto l'enorme bandiera della Croce Rossa che sventolava - sganciarono degli ordigni a meno di cinquanta metri dal presidio ospedaliero.

Però in quel momento i chirurghi stavano cercando di salvare una donna ferita in un precedente *raid*, operazione che richiederebbe piuttosto nervi d'acciaio e mano ferma.

Dovettero quindi precipitosamente abbandonare le tende, portando la paziente in barella, e rifugiarsi tra le rocce e sotto gli alberi.

Il Comandante della squadriglia aerea riferì di aver notato un centinaio di persone attorno a tre croci di colore rosso [132]; si trattava, invero, di venti operatori sanitari, i quali, avvistato l'aereo, si erano affettati a stendere sul terreno il simbolo dell'organizzazione umanitaria.

---

[131] Oltre duecento chilometri a nord di Dessiè.
[132] BAUDENDISTEL, *Between bombs*, pp. 142-43.

Invece, il Maresciallo d'Italia Pietro Badoglio volle interpretare l'episodio come un deplorevole caso in cui un intero reparto di militari africani, forse per sfuggire ad un imminente bombardamento dal cielo, avessero abusato del simbolo della Croce Rossa, commettendo quindi un crimine di guerra.

Il Dottor Schuppler, in un rapporto inviato al Ministero degli Esteri, denunciò che degli ordigni a gas erano stati impiegati dai bombardieri italiani, uccidendo una ventina di contadini: lui stesso avrebbe curato una quindicina di persone colpite, tra cui due bambini [133].

L'Ospedale n. 3 raggiunse l'altopiano di Amba Aradam a metà gennaio 1936: la mattina del 17, il Capitano Brophil stava al centro dell'accampamento, disposto in forma triangolare [134], con tre bandiere rossocrociate visibili agli angoli, quando scorse un aereo che volava a soli sessanta metri da terra.

Poiché la portiera era aperta, intravide il pilota e gli fece segno di guardare all'emblema e lui sembrò comprendere: fece, infatti, altri quattro giri e se ne andò.

All'alba, tuttavia, dei trimotori attaccarono il campo per quasi un'ora, uccidendo tre donne e ferendo altre otto persone.

Verso l'una e mezza del pomeriggio arrivarono altri apparecchi che esplosero una trentina di proiettili di mitragliatrice attorno al campo.

---

[133] Testo originale della lettera inviata da Schuppler al Ministero degli Esteri il 09.04.1936: "*I have the honor to inform you that on January 14th, 1936, for the first time battle gas bombs were used through bomb-throwing by Italian flyers. Through these bombs 20 country people were killed, and I treated about 15 cases from gas-bombing, 2 children being among them..*
[134] BROPHIL, op. cit., pp. 12-13.

Il Direttore spedì un telegramma di protesta ai suoi superiori [135].

Raggiunta Macallè, nella Regione dei Tigrè, il 19 febbraio l'ospedale si spostò definitivamente ad Abiy Addi, cento chilometri ad Ovest [136].

Alla fine del febbraio 1936, l'australiano Arnold **Wienholt** [137], eccentrico corrispondente di guerra del *Brisbane Courier Mail,* decise di mettersi a disposizione come *transport officer* della Croce Rossa Etiope, con la ferma intenzione di raggiungere il Terzo Ospedale.

Acquistò dunque otto muli, li equipaggiò con materiale sanitario e ingaggiò un gruppo di portantini.

[135] Nouvelliste valaisan, 28.01.1936, p. 3.
[136] The Morning Herald, 19.02.1936, p. 1.
[137] SIEMON, *The Eccentric Mr. Wienholt,* p. 233 e ss.

 Poi passò dalla residenza di Lady Winfred **Barton** [138], moglie dell'Ambasciatore britannico ad Addis Abeba - che era riuscita a mobilitare un migliaio di donne per la preparazione di materiale utile alla missione rossocrociata [139] - dalla quale ottenne un'ulteriore quantità di medicinali.

Assieme al collega ateniese Diogene Dalendzas, in aprile raggiunse Dessiè, dove i Rossocrociati inglesi e olandesi erano esausti per i continui attacchi italiani, soprattutto con gas tossici [140].

Furono messi in guardia anche dai predatori locali, ma i logisti erano convinti che nessuno li avrebbe aggrediti, poichè indossavano il simbolo del Leone di Giuda, dato loro direttamente dall'Imperatore.

E dopo tre settimane di frustrante attesa, da ex sottufficiale dell'Esercito di Sua Maestà, si offrì persino di guidare un reparto di 1.500 soldati per affrontare personalmente la teppaglia che imperversava appena fuori città.

Le truppe abissine, però, erano tutte impegnate al fronte.

Compresero allora che il pericolo di essere sequestrati era reale

Su suggerimento dello stesso Sindaco, di notte si incamminarono verso Sud attraverso la boscaglia e poi su una mulattiera.

---

[138] National Portrait Gallery, www.npg.org.uk
[139] ADUGNA, op. cit, p. 23.
[140] SIEMON, *op. cit.*, p. 233 e ss.

Si imbatterono in una fiumana di persone che si allontanavano dal fronte e, incredibilmente, tra queste scorsero proprio il Dottor Schuppler.

Il medico austriaco ed il personale suo ospedale da campo, dopo essere stati aggregati alle truppe di Ras Kassa Hailu, dagli inizi del mese di marzo avevano dovuto cominciare il graduale rientro verso la Capitale [141].

Wienholt tentò pure di riorganizzare un centinaio di militari rimasti senza comando per garantire un minimo di sicurezza a tutta quella gente.

Ma nella notte subirono un'imboscata di guerrieri tribali che ben maneggiavano spade e rudimentali armi da fuoco: il Greco, seppur ferito, si prodigò per assistere i feriti ma molti morirono, come anche tutti i muli [142].

Dopo sedici giorni di dolorosissimo cammino, durante il quale numerosi indigeni si arresero alla stanchezza e agli stenti, i due riuscirono a portare in salvo migliaia di Abissini.

Quando, il 28 aprile 1936, il giornalista raggiunse Addis Abeba, scoprì che la locale Croce Rossa lo aveva dato per disperso.

---

[141] BAUDENDISTEL, *Between bombs*, p. 79.
[142] SIEMON, p. 233 e ss.

3.3 L'odissea del Secondo Ospedale Etiope

Nel medesimo comprensorio in cui era ubicato il *Tafari Makonnen Hospital* di Dessiè [143], venne allestito anche il Secondo Ospedale da Campo della neonata Croce Rossa Etiope.

Accanto alle tende che ospitavano i vari reparti clinici, venne steso per terra un grosso **telo** bianco, su cui era stata dipinta con colore rosso una croce visibile sicuramente anche ad alta quota [144].

---

[143] Vedi 2.2
[144] Ethiopian Red Cross Society, www.redcrosseth.org.

Con l'indispensabile collaborazione di inservienti locali, era gestito da capaci medici europei, ma vi lavoravano anche due membri della Famiglia Imperiale.

Innanzitutto, il Dottor Malaku **Bayen** [145], un parente del Negus inviato a studiare in America dapprima al *Muskingum College*, nell'Ohio, e poi alla *Howard University* di Washington DC: in Abissinia era l'unico laureato in Medicina.

Come volontaria c'era anche la Principessa **Tsehai Selassie**, quarta figlia dell'Imperatore.

La sua intensa attività infermieristica, sia nel corso della guerra abissina del 1935-36 che, successivamente, come brillante allieva della *Royal College of Nursing* di Londra, sarebbe stata poi immortalata in un **francobollo** emesso dalle poste britanniche nel 1955 in occasione del Ventennale della nascita della Croce Rossa Etiope [146].

---

[145] BEKERIE, *E. Bayen and John Robinson*, 24.08.2008.
[146] Royal College of Nursing, www.rcn.org.uk

Il 7 dicembre del '35, cominciò un'autentica odissea: il bombardamento dal cielo, che già aveva seriamente danneggiato il *Seventh Day Adventists Hospital* [147], coinvolse anche l'Ospedale da Campo n. 2, che era distante appena duecento metri.

L'incaricato d'affari americano scrisse immediatamente al suo Segretariato di Stato per informarlo del fatto che la tenda in cui era operativa la sala chirurgica era stata completamente distrutta [148].

Il Dottor Loeb se ne tornò ad Addis Abeba, mentre tutti gli altri addetti dell'ospedale si trasferirono a Ualdia, a circa centocinquanta chilometri da Dessiè, presso l'accampamento della Guardia Imperiale.

Poco prima del Natale '35, ad un preciso squillo di tromba, gli infermieri corsero a smontare la maggior parte dell campo e, con impressionante rapidità, nascosero tutto il materiale sotto del fogliame, facendo riparare i pazienti nel bosco attiguo.

Non rimanevano che poche tende piene di paglia, che vennero colpite ripetutamente da una squadriglia di apparecchi italiani.

Il presidio rossocrociato, purtroppo, nelle prime settimane del 1936 venne preso di mira numerose altre volte, così da far diventare una prassi tristemente consolidata l'operazione di mimetismo [149].

Si riuscì anche a costruire un roccioso riparo sotto cui sistemare almeno una parte del materiale sanitario in modo da evitarne la distruzione; le operazioni chirurgiche si dovettero fare soltanto di notte.

---

[147] Vedi 2.2
[148] Telegramma del 08.12.1935, in Foreign Relations, 1935, I, p. 898.
[149] JUNOD, p 70 e ss.

I piloti della regia Aeronautica lanciarono persino granate a mano e due di essi sarebbero stati visti competere tra loro per centrare un piccolo obiettivo.

Alla fine di gennaio '36, cominciarono ad essere portate anche vittime della famigerata mostarda: l'Ospedale, in un paio di settimane trattò 150 pazienti [150].

Per respingere un attacco dei predoni, il 10 aprile lo *staff* fu costretto a combattere tutta la notte usando strumenti chirurgici e coltelli da amputazione, ma poi dovette rifugiarsi presso un capo villaggio; pochi giorni dopo, aerei italiani lanciarono un volantino scritto in aramaico che intimava la resa a tutto il distretto e così il Direttore, il greco George **Dassios** [151], ritenne di dover firmare la resa per sé e per il resto del personale rossocrociato e lo consegnò, affinché la portasse agli Italiani, all'interprete Jonna Nathalie.

---

[150] LEIJONHUFVUD, *Kejsaren och hans hövdingar*, pp. 65 e ss.
[151] JUNOD, P. 51

Ma il mancato ritorno di quest'ultimo causò la defezione di tutti i portantini e della scorta.

Il Dottore e un suo collaboratore vennero allora spogliati, derubati e abbandonati in montagna.

Riuscirono a raggiungere un altro villaggio in cerca di asilo, ma qui il medico fu gettato in una stalla con una pesante pietra legata al collo [152].

Inaspettatamente, venne ritrovato dall'interprete che non era riuscito a raggiungere il fronte.

Rilasciati, i tre si avviarono verso il più vicino comando italiano, ma subito furono circondati di briganti armati di spade e lance: l'inserviente riuscì a scappare, gli altri due vennero pestati a sangue.

Il parapiglia dovuto all'arrivo di una banda rivale, però, ne consentì la fuga tra i boschi.

Dopo otto giorni di terribili stenti trovarono ristoro presso un ex paziente dell'Ospedale n. 2, che li accompagnò a Dessiè dalla Questura fascista.

Qui, però, a seguito di un brutale interrogatorio, Dassios fu arrestato con l'accusa di aver firmato la denuncia del bombardamento del 6 dicembre [153].

I tre mesi di prigionia trascorsero in condizioni disumane tra freddo, pioggia e malnutrizione: quando raggiunse i 40 gradi di febbre, venne trasportato su di un *camion* ad Asmara, Eritrea, dove ripresero i maltrattamenti.

Patteggiato il rilascio dietro cauzione e subìto l'ennesimo furto di denaro, fu abbandonato al confine con il Sudan, dove riuscì a ricongiungersi con la comunità ellenica locale [154].

---

[152] JUNOD, p 70 e ss.
[153] Vedi 2.2.
[154] JUNOD, pp. 70 e ss.

3.4 Le disgrazie della Nederlandsche Ambulanse

Il Presidente del Comitato Internazionale della Croce Rossa Max Huber, preoccupatissimo per i bombardamenti sui presidi umanitari e per l'utilizzo di sostanze tossiche, il 23 gennaio 1936 scrisse direttamente al Primo Ministro Benito Mussolini.

Gli contestò il fatto che la Regia Aeronautica aveva ripetutamente violato le basilari norme del diritto umanitario [155].

La giustificazione italiana si basava sulla presunta facoltà di ritorsione causata dall'uso in combattimento delle terribili pallottole ad espansione ad espansione [156] da parte delle truppe abissine.

Ma, in ogni caso, il Capo del Governo romano garantì che le sue truppe avrebbero sempre rispettato il diritto umanitario.

Ciò, tuttavia, non rassicurò affatto Huber, che anzi si affrettò a raccomandare ai suoi operatori sanitari di scavare delle trincee e di indossare tutte le volte che potevano l'equipaggiamento anti-gas.

E infatti, il 9 febbraio 1936, alcuni apparecchi sganciarono quattro bombe a poche centinaia di metri dalle tende che, dopo un viaggio davvero complicato attraverso le montagne, la Croce Rossa Olandese aveva eretto a Dessiè [157].

---

[155] PEARCE, p. 360 e ss.
[156] Vedi 4.3
[157] Ethiopian Red Cross Society, www.redcrosseth.org

Dopo appena una settimana, i bombardieri tornarono a sfiorare l'accampamento e a farlo con inquietante regolarità.

Paradossalmente, agli operatori umanitari venne rimproverato di detenere fucili da caccia ed altre armi per la protezione personale.

La *Nederlandsche Ambulanse*, partita dal porto di Rotterdam e salutata dalla Principessa Giuliana in persona, era operativa in Abissinia dalla fine del 1935.

Dotata di eccellenti forniture sanitarie e di modernissimi automezzi, la Missione era guidata dal Dottor Charles Willem Frederik **Winckel**, uno stimato specialista di malattie tropicali.

Comprendeva altri due chirurghi: J.N. van der Does e l'ortopedico Arnold Herman Maximiliaan Colaço Belmonte; inoltre, dagli assistenti A. van Schelven, C. Lampe e G.M.H. Veenklaas; dagli infermieri W. Hagestein e P. van den Honing e dall'amministrativo J.J.W. de Vries [158].

---

[158] ENNIK, *Dutch Ambulance Service in Ethiopia*, pp. 4 e ss.

Pur con notevoli problematiche dovute alle accidentate vie di comunicazione, nel marzo 1936 il presidio sanitario si trasferì nella Piana di Ashangi, dove furono allestite delle tende sulla riva del fiume Alamata, sebbene seminascoste tra gli alberi, sempre accanto ai colleghi del Regno Unito [159].

Due medici, tra i quali Veeneklaas, avrebbero dovuto ricongiungersi al resto del gruppo dopo essersi procurati i rifornimenti di medicinali.

Il giorno 5, però, giunse la drammatica notizia della loro uccisione: in realtà, erano sopravvissuti in qualche modo ad un'aggressione, seppur minacciati di morte, picchiati e derubati di ogni cosa.

La vicenda venne anche illustrata sulla **copertina** di un importante periodico romano [160].

---

[159] MACFIE, op. cit., pp. 95 e ss.
[160] La Tribuna Illustrata, 29.03.1936, copertina.

Il Dottor van Schelven, che guidava un convoglio composto da centoventi equini, era stato ferito dai predoni all'altezza della città di Ualdia.

Un proiettile gli aveva perforato un polmone, facendogli perdere i sensi; risvegliatosi, raggiunse con immensa fatica un villaggio, dove lo stregone locale gli fece ingerire con la forza un uovo marcio;

E dopo un massacrante viaggio a dorso di mulo, venne portato dagli indigeni a Korem [161].

Il medico venne accolto il 18 marzo 1936 da una carovana rossocrociata - su cui viaggiavano anche l'inglese Macfie, lo svizzero Junod e lo svedese von Rosen - e che in due giorni raggiunse Dessiè, dove fu ricoverato in un presidio sanitario gestito da missionari francesi [162].

La sera del 23 marzo '36, una grossa autoambulanza con potenti fari, in dotazione alla Croce Rossa dei Paesi Bassi, poté trasportare van Schelven alla più vicina aviosuperficie, dal quale un apparecchio decollò per Addis Abeba.

Ad aprile anche il resto della *Nederlandsche Ambulanse* imboccò la via del ritorno, ma nei pressi del villaggio Sholameda, tre suoi membri si trovarono in difficoltà: la strada era stata distrutta dalla guerra e così dovettero abbandonare il loro *camion* e proseguire sui muli.

Fortunatamente, vennero raggiunti da un'unità di soccorso inviata dai colleghi britannici e così, nel maggio del 1936, tutta la squadra poté rientrare in Olanda.

---

[161] JUNOD, p. 65 e ss.
[162] MACFIE, pp. 110 e ss.

3.5 L'arsina e il Quinto Ospedale Etiope

Non fu soltanto la Regia Aeronautica ad usare armi chimiche in Abissinia.

Dall'11 al 15 febbraio 1936, infatti, nella caotica battaglia che infuriava sull'altopiano dell'Amba Aradam - nella Regione settentrionale del Tigrè - le batterie 105/28 del 12° Artiglieria del Terzo Corpo d'Armata spararono sulle truppe nemiche oltre un migliaio di proiettili caricati con "arsina" [163].

Questa sostanza, chiamata così proprio perché contiene arsenico, se dispersa nell'atmosfera provoca irritazioni della mucosa nasale e, in alte concentrazioni, anche violenti conati di vomito [164].

Dopo il combattimento, ai militari della 135^ Legione spettò il compito di rastrellare il bottino di guerra: armi, munizioni, cibo e persino bottiglie di *champagne* (che, svuotate, vennero infrante sulla testa dei prigionieri abissini). Infine, entrarono in una **caverna** [165] contrassegnata da croci di colore rosso su sfondo bianco, dove si trovava un'ospedaletto perfettamente attrezzato e ricco di casse di materiale sanitario.

---

[163] DEL BOCA, *Le guerre coloniali del fascismo*, p.239
[164] VEGEZZI, *La guerra degli aggressivi chimici*, p. 47.
[165] Domenica del Corriere, 08.03.1936, copertina.

Furono trascinati fuori "due bianchi" [166], che, terrorizzati, cercarono di spiegare con parole di varie lingue europee di essere degli operatori umanitari: vennero invece colpiti con pugni e calci.

Quegli individui di razza caucasica erano il Dottor Maximilian Stanislaw **Belau** ed il suo assistente Tadeusz **Medynsky**, entrambi della Polonia, che dirigevano insieme il Quinto Ospedale della Croce Rossa Etiope, allestito proprio in una delle grotte della montagna per cercare di proteggersi dalle incursioni aeree.

Il primo, uno specialista di malattie tropicali che godeva della stima personale dell'Imperatore Selassie [167], aveva già lavorato a Dessiè [168]; in seguito, chiese ad un giornalista connazionale che aveva avuto esperienze nel settore sanitario, di affiancarlo nella gestione del suo Campo.

Il Generale Bastico [169], nella sua autobiografia [170], sostiene che all'interno dell'ospedaletto rossocrociato siano state rinvenute delle armi, in particolare:

> *cumuli di cartucce inglesi;*
> *e baionette e fucili belgi.*

---

[166] BASTICO, *Il ferreo terzo corpo in A.O.*, pp. 141-42.
[167] PEARCE, *Prevail*, p. 373.
[168] Vedi 2.2
[169] Ettore Bastico, Comandante del Terzo Corpo d'Armata.
[170] BASTICO, op. cit., p. 141.

Ma, nel verbale relativo alla requisizione degli oggetti dei medici polacchi, redatto dagli stessi soldati italiani [171], si citano soltanto queste due armi per uso personale:

✓ carabina calibro 14 millimetri e cinquecento proiettili;

✓ pistola Browning calibro 9 millimetri e trenta proiettili.

Dopo essere stati costretti mettrersi in **ginocchio** e poi ad implorare "di avere salva la vita" [172], vennero portati allo Stato Maggiore della Prima Divisione "23 marzo" di Macallè [173], dove furono accusati di essersi messi al servizio degli Abissini e infine brutalmente interrogati su quanto si riteneva che avrebbero dovuto conoscere in merito ai movimenti nemici [174].

---

[171] MARIAM, *Differend*, p.9.
[172] SAVOIA-GENOVA, *La prima Divisione Camicie Nere*, p. 57.
[173] Trenta chilometri a nordovest rispetto ad Amba Aradam.
[174] JUNOD, p. 56.

Poi vennero rinchiusi in una fetida cella del carcere di Massaua [175] e nutriti per giorni a pane e acqua [176].

La posizione del Dottore si aggravò drammaticamente quando i carcerieri si accorsero che il suo nome compariva tra quelli che avevano firmato la denuncia del bombardamento del *Makonnen Hospital* del dicembre '35 [177].

Per farlo ritrattare, quindi, venne torturato: gli pestarono la mano con il calcio del fucile e fu condotto più volte di fronte ad un falso plotone d'esecuzione.

Stremato dai maltrattamenti e pure dalla febbre, finì per siglare una dichiarazione estorta con la violenza.

Medynsky riuscì a farlo sopravvivere fino alla loro rimessione in libertà, avvenuta a Roma.

Una volta ristabilitisi, i reduci rossocrociati si recarono a Ginevra per riferire al CICR del trattamento che avevano subito, ma anche dell'esperienza avuta con i gas tossici.

A tal proposito, la testimonianza di Belau si rivelò particolarmente qualificata, poiché aveva vissuto simili circostanze nella Prima Guerra Mondiale in qualità di Ufficiale dell'Esercito Polacco.

Quindi egli era perfettamente in grado di riconoscere la mostarda, piuttosto che altri agenti chimici usati in Abissinia che invece non conosceva.

La sua deposizione venne consegnata alla Delegazione dell'*International Commette of the Red Cross*, che partì per Roma il 24 marzo 1936, guidata Max Huber in persona.

---

[175] In Eritrea, colonia italiana.
[176] PEARCE, op, cit, p. 376.
[177] Vedi 2.2

Il Presidente volle farsi accompagnare dal suo Vice, il Professor Paul **Logoz** [178], insigne giurista ed alto magistrato del Cantone di Ginevra, con una grande esperienza nelle missioni diplomatiche. Dopo la Grande Guerra, aveva preso parte ai lavori della Conferenza di Versailles e dell'adesione della Confederazione Svizzera alla Società delle Nazioni [179].

Come profondo conoscitore della civiltà italiana, avrebbe potuto dare un significativo contributo anche Carl Jacob **Burckhardt** [180], docente straordinario di Storia all'Università di Basilea, che aveva soggiornato alcuni anni nel centro capitolino per studiarne l'immenso patrimonio artistico, sul quale scrisse dei saggi fondamentali [181].

---

[178] Bern Canton Chancellery, www.query.sta.be.ch/default.aspx
[179] Historiches Lexicon der Schweiz, www.hls-dhs-dss.ch/
[180] Great Thoughts Treasury, www.greatthoughtstreasury.com/
[181] Enciclopedia Treccani *on line*, www.treccani.it/

Completava il gruppo lo scrittore parigino Jacques **Chenevière** [182], che era stato un alto funzionario dell'Agenzia Internazionale dei Prigionieri di Guerra, organismo ginevrino istituito dalla Croce Rossa per dare una risposta alle numerose lettere inviate dalle famiglie dei soldati catturati durante il primo conflitto mondiale [183].

I quattro dirigenti del CICR vennero ricevuti da Mussolini, ma l'incontro non fu soddisfacente; anzi, in un telegramma [184] inviato il 9 aprile al Maresciallo Badoglio, il Duce avrebbe definito i due medici europei dei "miserabili" per aver pubblicato "lettere denigratorie", sostenendo addirittura che

sarebbe stato meglio fucilarli
e mettrli nel mucchio con gli altri.

Pochi giorni dopo, a Dessiè, venne imprigionato anche l'infermiere francese Albert Gingold **Duprey**, che dirigeva il Sesto Ospedale della Croce Rossa Etiope [185].

---

[182] CICR, https://avarchives.icrc.org/Picture/26956
[183] Museo Internazionale della Croce Rossa, www.hls-dhs-dss.ch/
[184] DEL BOCA, *I gas di Mussolini*, p. 61.
[185] Observatoire Humanitaire www.observatoire-humanitaire.org/

3.6 L'attacco alla British Ambulance

La Missione umanitaria inviata da Londra era stata avvistata già a fine febbraio 1936 dalla Regia Aeronautica sia a Ualdia che ad Allamata [186].

Il Primo del mese di marzo, poi, il CA 133 pilotato niente meno che da Vittorio Mussolini, uno dei figli del Duce, aveva sganciato "12 spezzoni" [187] sopra dei fossi attorno al *field hospital* inglese, ritenendo di essere sotto il tiro dei fucili e addirittura dei cannoncini *Oerlikon* delle truppe abissine, a suo dire nascostesi soto l'egida dell'Organizzazione.

E poi arrivò il fatidico 4 marzo, giorno in cui avvenne il micidiale bombardamento italiano della città di Korem, nella settentrionale Regione dei Tigrè.

Uno degli aerei che partecipavano al *raid* volle colpire anche il presidio sanitario del Regno Unito, ubicato a nemmeno due chilometri di distanza, nella Piana di Ashanghi a sud dell'omoniomo lago: l'apparecchio girò in circolo nove volte e infine scaricò impietosamente una quarantina di bombe [188].

Eppure, stesi al centro ed al bordo del campo, c'erano due **teloni** bianchi, larghi fino a cento metri quadri, sui quali era ben visibile una grande croce di colore rosso [189].

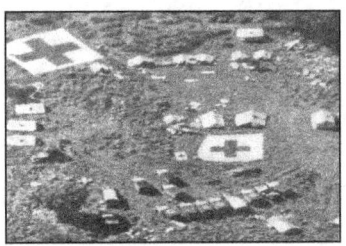

---

[186] MACFIE, op. cit. pp. 77 e ss.
[187] MUSSOLINI Vittorio, *Voli sulle Ambe*, pp. 85-86.
[188] The Bend Bullettin, 06.03.1936, p. 1.
[189] MUSSOLINI V., p. 101.

Cinque tende, tra cui quelle utilizzate per le operazioni chirurgiche e per la sterilizzazione degli strumenti di lavoro, furono distrutte assieme ad un *camion*; purtroppo, almeno tre pazienti rimasero uccisi, in mezzo a numerosi feriti gravi.

A Korem, quel bruttissimo giorno, lavorava anche il noto parassitologo John William Scott **Macfie** [190], originario dell'East Sussex. Dopo aver studiato nelle Università di Cambridge ed Edimburgo, aveva condotto delle ricerche sulla malaria nell'Africa occidentale e poi si era dedicato alla docenza presso la *Liverpool School of Tropical Medicine*.

Profondamente turbato dalla notizia dell'invasione italiana, aveva accettato il ruolo di Vice Direttore dell'*Ambulance* che la *British Red Cross* era in procinto di inviare dapprima nella città di Dessiè e poi, appunto, nella Regione dei Tigrè [191].

Mentre dal cielo piovevano le bombe, ossia verso mezzogiorno del 4 marzo, egli stava preparando l'anestesia per un indigeno affetto da una grave forma di peritonite.

L'intervento avrebbe dovuto essere effettuato dal Comandante della *British Ambulance* e dall'assistente J.J. Perverseff, con la preziosa collaborazione del Sottufficiale D. Atkinson.

---

[190] MACFIE, pp. 64-65.
[191] The Hastings and St. Leonards Observer, 16.10.1948.

La prima potente detonazione costrinse i quattro Rossocrociati a cercare riparo in un torrente o addirittura sotto l'abbeveratoio dei muli, dove però vennero sfiorati da altri ordigni esplosivi.

Dopo un'interminabile serie di lanci, i velivoli finalmente si allontanarono, consentendo agli operatori umanitari di tornare alla **tenda**, che trovarono sconquassata [192].

---

[192] MACFIE, pp. 80 e ss.

Il presidio venne bersagliato anche nel pomeriggio del 4 marzo, ma questa volta non vi furono vittime, grazie alla previdente idea di abbandonare l'accampamento e di trasferire i ricoverati e il materiale sanitario in un burrone vicino al fiume, sotto dei ripari ben mimetizzati.

L'Ambasciatore inglese a Roma elevò quindi una protesta ufficiale, esigendo l'adozione di misure affinché gli operatori umanitari non fossero mai più coinvolti.

Le Autorità italiane diedero ampie assicurazioni in proposito; la Regia Aeronautica, invece, effettuò altri due bombardamenti il cinque e il sei marzo del 1936.

Le numerose difficoltà logistiche, tuttavia, non fermarono l'attività dei Britannici, che riuscirono a curare una settantina di persone al giorno, almeno fino a che non terminarono le scorte dei medicinali.

Rispondendo a un'interrogazione parlamentare, il Sottosegretario Visconte Cranborne dichiarò senza esitazioni che tutto ciò accadde "deliberatamente" [193],.

Si trattò dunque di un vero e proprio attacco ?

---

[193] VISCOUNT CRANBORNE, testo originale dell'estratto della risposta del 09.03.1936, *British Red Cross (Italian Bombing)*: "*On 5th March His Majesty's Minister at Addis Ababa telegraphed a message from Doctor Melly, the leader of the British Red Cross Ambulance in Northern Ethiopia, stating that the British ambulance was heavily and deliberately bombed at mid-day on 4th March while situated in the open on Korem Plain, two miles from the nearest troops. There was a Red Cross ground flag 40 feet square in the centre of the camp, and red crosses on the tents and the flagstaff. The operation, sterilisation and three ward tents were destroyed, as well as one lorry. Three patients were killed and several wounded. There were no casualties amongst the personnel. The aeroplane, according to the message, circled low over the camp nine times, dropping about 40 bombs, one of which fell on the ground flag. The message added that the camp had previously been observed many times at Waldia, Allamata and Korem by low-flying aeroplanes. [...]*"

In tal caso, si potrebbe forse sostenere che questo evento bellico, visto in retrospettiva, abbia inaugurato un lungo duello tra l'Italia e la Gran Bretagna, che si sarebbe concluso nel 1943 con la conquista inglese del Nordafrica nella Seconda Guerra Mondiale.

La già difficilissima situazione si appesantì ulteriormente il 16 marzo 1936, quando Korem venne colpita da ben nove **bombe** [194], questa volta contenenti la famigerata mostarda [195].

Il Direttore dell'ospedale della *British Red Cross* dichiarò alla stampa [196] che i bombardamenti tossici continuarono sino al giorno 22 e che i suoi medici e infermieri dovettero curare quasi trecento gravissimi ustioni da iprite.

Nella quasi totalità dei casi, gli sfortunati cittadini ricoverati rimasero, seppur per un periodo limitato, addirittura privi della vista [197].

Soltanto il 28 marzo, Mussolini, pur consentendo al Maresciallo Badoglio di colpire ogni tipo di presidio rossocrociato, concludeva un telegramma [198] con questa raccomandazione:

eviti tuttavia di danneggiare
croce rossa inglese se esiste.

---

[194] DEL BOCA, *I gas di Mussolini*, p. 142.
[195] MACFIE, pp. 64-65.
[196] Sunday Morning Star, 26.04.1936, p. 32.
[197] Crimini di Guerra, www.criminidiguerra.it/
[198] DEL BOCA, *I gas di Mussolini*, p. 47.

Rinviando ad altra sede l'analisi della prima parte del testo [199], c'è ora da chiedersi da dove derivasse il timore del Duce di un coinvolgimento degli operatori umanitari britannici.

Un qualche risentimento, in forndo, sarebbe stato comprensibile, visto che era stata proprio Londra, assieme a Parigi, a denunciare alla Società delle Nazioni l'illegittima aggressione alla sovranità abissina, ottenendo l'adozione di sanzioni economiche globali a danno di Roma.

D'altra parte, avrebbe dovuto provocare una certa preoccupazione la presenza nel Mediterraneo di alcune navi della *Royal Navy*, sebbene, per la limitatezza della potenza, difficilmente avrebbero potuto impensierire le truppe impegnate nei combattimenti.

Di certo, inoltre, non si sottovalutava il fatto che l'Abissinia "italiana" si trovava quasi circondata da territori controllati dal Regno Unito (Sudan, Kenia e Somalia Britannica).

Tuttavia, il motivo per cui il Capo del Governo non volesse irritare gli Inglesi risiedeva verosimilmente nella paura del blocco del transito dal Canale di Suez, come già avvenne nella Grande Guerra, benché proibito dalla normativa internazionale [200].

Ma nel frattempo, la Croce Rossa Britannica aveva considerato concluso il suo mandato.

Sino a quel momento, avevano servito con abnegazione anche l'Aiutante Maggiore R. Townishend e gli ufficiali medici C.A.V. Barkuus, C.E. Bevan e W.S. Empey.

---

[199] Vedi 4.1
[200] Trattato di Costantinopoli del 1888.

Sicuramente un ruolo importante lo avevano svolto pure dai logisti A.B.H.L. Purves, S.H. Dobinson e dai sottufficiali L.J. Bunner, E.D. Chandler, H. David, C.A. Turner.

Infine, l'incarico di Responsabile Militare della Missione era stato assolto con professionalità il Colonnello J.M Llewellin [201].

Il 3 maggio 1936, durante i devastanti scontri a fuoco esplosi nella Capitale Addis Abeba, un proiettile di pistola colpì il Rossocrociato John Masnard **Melly,** che era stato il Comandante della *British Ambulance* inviata in Abissinia. Morì dopo due giorni di agonia [202].

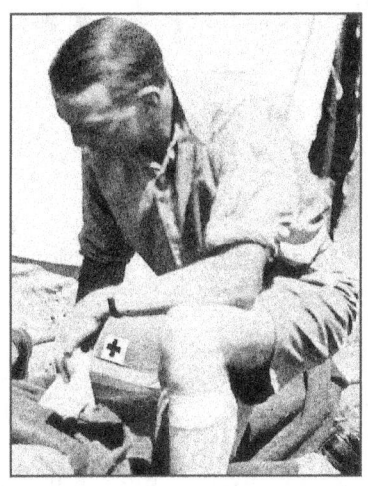

---

[201] MACFIEp. VII
[202] Idem, p. I.

3.7   L'iprite e gli aerei della Croce Rossa

 Il Conte svedese Carl Gustav Ericcson **von Rosen** [203] - figlio di Eric, il grande etnografo ed esploratore dell'Africa - era un formidabile pilota di aeroplani e, come avventuriero, sarebbe in seguito entrato nella leggenda dell'aviazione.

Dopo l'attacco italiano, decise di prendere parte all'intervento umanitario.

Già nell'ottobre 1935, il nobile mise il proprio *Heinkel* **HD.21 c/n 7** [204] a totale disposizione dei suoi connazionali della *Svenska Ambulansen*.

Era indubbia l'utilità di un dispositivo leggero nel contesto di un conflitto che si svolgeva tra i tipici altopiani all'Abissinia.

Tuttavia, ci si rese ben presto conto che la pootenza del motore sarebbe stata insufficiente per i voli in alta quota.

Per questo motivo, già alla fine dell'anno l'apparecchio venne definitivamente posteggiato su un'aviosuerficie di Akaki, non lontano da Addis Abeba.

---

[203]   ANDERSSON, http://web.comhem.se/
[204]   BARRIERE, www.crezan.net/pag_aby/abyssinia_avi.html

E così Von Rosen [205] diventò pilota di uno dei due *Fokker F.VIIa Abba Kagnew*, donati dal Negus alla Croce Rossa Etiope.

In uno dei suoi voli umanitari fu preso di mira da un bombardiere italiano, ma se la cavò dopo aver compiuto un'autentica acrobazia: spense il motore, dando l'impressione di aver perso il controllo del suo apparecchio e poi fuggì al massimo della velocità.

Il 2 gennaio 1936, alla notizia del ferimento dei Rossocrociati svedesi [206], partirono dalla Capitale due aeroplani; fecero tappa a Irgalem per il rifornimento, ma lì Ludwig Weber, pilota personale dell'Imperatore, si rifiutò di proseguire verso la zona di guerra e quindi solo il Conte raggiunse Neghelle [207].

---

[205] WICTOR, *Before there were hashtags*, 20.01.2015.
[206] Vedi 2.4.
[207] WAERNBERG, *Svenska Vingar Over Etiopien*, p. 9.

Il 16 marzo 1936, il *Fokker* di von Rosen lasciò Addis Abeba con a bordo lo svizzero Junod, uno dei due Delegati CICR presenti in Abissinia [208].

Dopo aver evitato con perizia una squadriglia della Regia Aeronautica, atterrò a Dessiè, dove appresero che un Ufficiale Medico olandese [209] era stato ricoverato presso la *British Ambulance* e che necessitava di essere trasportato con urgenza nella Capitale.

Nel tardo pomeriggio, allora, raggiunsero il Quartier Generale dell'Imperatore, a Korem, dove era posteggiato l'altro *Abba Kagnew* in dotazione alla Croce Rossa Etiope e lì pernottarono.

All'alba del 17, entrambi i velivoli vennero verniciati di grigio-verde e un po' grossolanamente mimetizzati con ramoscelli [210]; un'ora più tardi, subito scorto da tre Caproni, l'aereo rossocrociato fu **centrato** in pieno da una bomba.

---

[208] JUNOD, op. cit., pp. 58 e ss.
[209] Vedi 3.4.
[210] MACFIE, op. cit., pp. 106 e ss.

Altre incursioni dal cielo scaricarono persino degli ordigni caricati con la mostarda tutt'intorno all'aereo del Conte [211].

E, mentre lo Svedese, il Britannico e lo Svizzero si rifugiavano in un fossato, il loro apparecchio fu oggetto di mitragliamento, che ne forò i serbatoi [212].

Poi, venne gettata dal cielo un'ottantina di piccoli ordigni **incendiari**, due dei quali investirono in pieno anche il *F.VIIa Abba Kagnew* [213] del nobile scandinavo.

[211] MARIAM, op. cit, p. 22.
[212] JUNOD, op. cit., pp. 60-61.
[213] SIMMONS, http://rastafarigroundation.com

Von Rosen, Macfie e Junod, vennero raggiunti dal medico olandese ferito [214], sorretto da un collega, ma immediatamente dovettero ripararsi da un'ennesimo *raid* italiana.

Il Negus mise allora a disposizione un'autovettura con autista, grazie alla quale il 18 marzo 1936 i quattro Rossocrociati poterono aggregarsi ad un *camion* che si stava dirigendo a Dessiè [215].

Quando decise di tornare a Stoccolma, il Conte poteva vantare un bilancio di una cinquantina di missioni, per oltre ottanta ore di volo, durante le quali aveva trasportato un'ottantina di malati e feriti e tre quintali di farmaci e attrezzature mediche.

A maggio 1936, la guerra terminò e l'Abissinia diventò ufficialmente una colonia italiana.

Ma c'era la possibilità di ritornare con un aeromobile per evacuare i connazionali rimasti bloccati a Sudest, visto che la nobildonna inglese Lady Gladstone aveva acquistato dalla KLM alcuni velivoli da donare alla Croce Rossa.

Il giorno 11 giugno 1936, dunque, Carl von Rosen decollò dall'Aeroporto di Amsterdam *Schiphol* su di un *Fokker F.VIIa*, registrato con la sigla **PH-EHE** e dipinto con una grande croce di colore rosso [216].

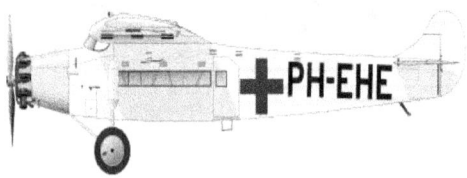

---

[214] Si trattava del Dottor van Schelven, vedi 3.4
[215] JUNOD, p. 68.
[216] BARRIERE, www.crezan.net/pag_aby/abyssinia_avi.html

Con lui c'era Marius Brophil, che descrisse ad un quotidiano britannico [217] il tentativo di raggiungere gli Svedesi, fermi da tre mesi.

Dopo un primo tentativo di trovare Gore [218], fallito per la mancanza di mappe precise e per la nebbia, i due finalmente scorsero la città ed effettuarono un incredibile atterraggio su una piccola aviosuperficie lunga appena cento metri sulla cima di una montagnetta e al limite di un abisso.

Appreso che i Rossocrociati scandinavi erano ormai al sicuro in Kenia, decisero di rientrare per non dare motivo alla Regia Aeronautica di bombardare il velivolo.

Ma la malaria costrinse von Rosen a ricoverarsi in un ospedale de Il Cairo.

Fortunatamente, un ufficiale della *Royal Navy* si offrì di riportare il velivolo ad Amsterdam [219].

---

[217] BROPHIL, The Spectator, 03.09.1936, pp. 372-73.
[218] Città della Regione di Oromia, ossia quella della Capitale
[219] BARRIERE, op. cit.

3.8   La mostarda e la Norske Ambulansen

 Già dall'ottobre 1935 la Croce Rossa Norvegese aveva deciso di inviare in Abissinia un ospedaletto da campo in cui avrebbe lavorato una squadra composta da cinque uomini. Direttore era il chirurgo Gunnar **Ulland** [220] , che rimase molto sorpreso quando seppe di doversi recare in aereo alla prima destinazione, mentre tutti gli altri colleghi avrebbero dovuto raggiungerlo viaggiando sui *camion*.

E si sentì pure offeso del fatto che gli avessero mandato un piccolo apparecchio, costringendolo a portare con sé un ridottissimo equipaggiamento sanitario.

Atterrò il 29 gennaio sull'aviosuperficie ubicata nei pressi della città di Irgalem, circa a trecento chilometri a sud della Capitale.

Quattro giorni dopo, giunsero gli altri componenti della *Norske Ambulanse*: il batteriologo Johannes Kvittingen, il sottufficiale dei *marines* Asbjørn Alsterberg e Kaare Gulbransen, detto "*globetrotter*".

---

[220] ULLAND Astri, http://tittafroskenpersonlig.blogspot.it/

L'assistenza spirituale dei membri della Missione umanitaria scandinava venne affidata al diacono David **Westborg** [221].

La Principessa Tenagneworq, figlia primogenita del Negus, suggerì una locazione a sud della città, più vicina alle sue esigenze.

Ma Ulland, dopo aver ispezionato il posto, decise di ubicare il presidio sanitario a tre chilometri a nord dell'abitato, una distanza giudicata sufficiente per tenersi al riparo dagli attacchi italiani

Al campo i Norvegesi non adottarono alcun mimetismo, ma issarono una bandiera con la croce di colore rosso su sfondo bianco larga 14 metri.

Gulbransen fu mandato ad Addis Abeba con quattro *camion* per recuperare il resto dell'equipaggiamento e procurarsi una sufficiente quantità di monete *besa* and *tamun*, le uniche accettate per i pagamenti al Sud.

Il Dottor Kvittingen si arrangiò alla meglio per scavare una fossa per l'acqua potabile, utilizzando anche una pompa acquistata in Belgio.

La maggior parte dei pazienti temeva le operazioni chirurgiche e quindi un assistente abissino provvide alla somministrazione di narcotici.

---

[221] Det Norske Diakonforbund, https://issuu.com/saxmedia2015/

I Rossocrociati provarono anche a chiedere alle Autorità abissine di potersi avvicinare al fronte [222], ma il primo contatto con la guerra avvenne con il bombardamento. ad una certa distanza, del 9 marzo '36: i pazienti in grado di deambulare fuggirono nella foresta.

A partire dal 17 marzo 1936, Irgalem venne pesantemente attaccata dagli aerei italiani, che usarono anche gas tossici.

Dopo l'ultimo bombardamento, questa volta con la mostarda del 19 marzo, l'ospedale norvegese ospitò diverse decine di persone intossicate dal gas e afflitte da **vesciche** sul corpo [223] (sebbene vada citata la teoria secondo cui si possa essere trattato anche di lebbra [224]).

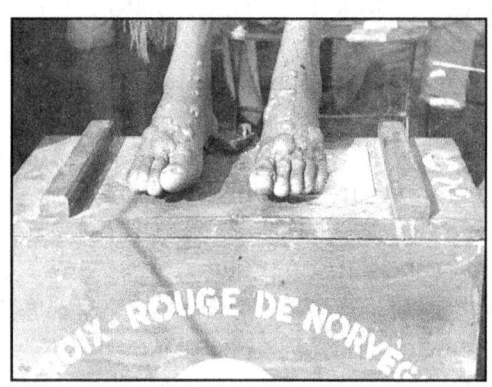

---

[222] ULLAND Gunnar, *Under Genferkorset,* pp. 25 e ss.
[223] BRIDEL, www.icrc.org/
[224] Cfr. ROMEO DI COLLOREDO P., www.storiainrete.com/

Quando venne a visitare i pazienti, la Principessa Tenagneworq ne rimase così sconvolta da chiedere con insistenza ai dottori e agli infermieri di intervenire immediatamente al fronte.

E allora la squadra scandinava partì verso Sud il 23 aprile 1936 con una cinquantina di **muli** [225], due dozzine di portantini ed alcuni fucili per difendersi dai predoni. Sino a quel momento i Rossocrociati avevano curato più di duemila persone ed effettuato un migliaio di operazioni chirurgiche [226].

---

[225] ULLAND Astri, op. cit., http://tittafroskenpersonlig.blogspot.it/
[226] ULLAND Gunnar, p. 46 e ss. e GULBRANSEN, pp. 206 e ss.

A giugno, un inquietante **messaggio** [227], firmato dal Generale Magliocco [228], venne lanciato da un aereo nei pressi dell'ospedaletto della Norvegia. In lingua francese, vi era scritto: *"Se giudicate tranquillo il vostro accampamento, esponete un segnale con un telo disposto a croce. In caso negativo (pericolo per voi) esponete un quadrato"*.

Gli operatori umanitari, invero, sollevarono qualche dubbio sull'attendibilità del messaggio, visto che come data indicava un improbabile "XIV".

In realtà, non si trattava del 1914, bensì del quattordicesimo anno del calendario fascista, che il Regime italiano volle far decorrere dalla celebre "Marcia su Roma", avvenuta nel 1922; quindi la missiva era da intendersi come sottoscritta il giorno 15 giugno '36.

Per non correre rischi, Gulbransen si affrettò a gettare via con un calcio il panno, sebbene vi fosse dipinta la croce di colore rosso, che aveva in precedenza steso sul terreno.

Il Governatore locale garantì che le sue truppe non avrebbero fatto fuoco contro singoli velivoli che eventualmente fossero tornati a volare a bassa quota, per non ostacolare il recapito di altri messaggi.

---

[227] ULLAND Astri, http://tittafroskenpersonlig.blogspot.it/
[228] Vincenzo Magliocco, 14° Stormo Bombardamento Terrestre.

Dal 3 al 6 maggio 1936, la Capitale Addis Abeba venne devastata dai combattimenti. Una pallottola uccise la *nurse* norvegese Elfrida **Johansen** [229], che si trovava nella sagrestia di una chiesa [230].

Si era formata alla scuola del Sanatorio di Skodsborg, in Danimarca, dove stava svolgendo il tirocinio anche l'uomo che poi avrebbe sposato negli Stati Uniti: Andreas Stadin. Insieme, avevano accettato la proposta degli Avventisti del Settimo Giorno di dirigere *l'American Hospital* di Dessiè, bombardato nel dicembre '35 dalla Regia Aeronautica nonostante sul tetto vi fosse l'emblema rossocrociato [231].

Numerose taniche di benzina presero fuoco, distruggendo la quasi totalità del materiale sanitario che era giunto dai Paesi donatori e questo pregiudicò ogni ulteriore attività della locale Croce Rossa [232].

Soltanto la settimana precedente, con un Decreto [233], il nuovo Imperatore d'Etiopia Vittorio Emanuele III aveva

---

[229] Reading Eagle, 07.12.1935, p. 1.
[230] The Advent Review and Sabbath Herald, 09.07.1936,.p. 21.
[231] Vedi 2.2.
[232] BALISKY, http://sthweb.bu.edu/

conferito la medaglia commemorativa delle operazioni militari a tutti coloro che avevano combattuto attivamente in Africa Orientale Italiana (AOI) nel periodo 1935-36; sul retro, oltre allla firma di Benito Mussolini, si leggeva il motto "Molti nemici, molto onore".

L'undici giugno '36, i titoli di Governatore Generale dell'AOI e di Vicerè dell'Etiopia passarono dal Maresciallo Pietro Badoglio al collega Rodolfo Graziani.

Quest'ultimo, nella sua nuova veste, volle premiare di persona le **Infermiere Volontarie** della CRI - meglio note come "crocerossine" - per la loro altissima opera umanitaria a favore di tutte le vittime del conflitto.

E anche ai **Militari** della Croce Rossa Italiana, che accusò tre vittime, venne concessa la Medaglia Commemorativa delle Operazioni Belliche, per l'attività sanitaria svolta sia sulle navi che a terra.

---

[233] Decreto n. 1150 del 27.04.1936.

4. DIRITTO UMANITARIO E CROCE ROSSA

4.1 Il bombardamento degli ospedali

Il Senatore Filippo **Cremonesi** [234], già Sindaco ai tempi la Marcia su Roma e poi Ministro del Governo Mussolini, era stato nominato anche Presidente della Croce Rossa Italiana (CRI) nel 1928. In questa carica, si lamentò con un giornale  australiano per le proteste sollevate dal suo omologo etiope relativamente a "presunti bombardamenti di formazioni sanitarie " [235].

L'intervista fu pubblicata il 18 marzo 1936, vale a dire nei medesimi giorni in cui bruciava l'aereo di von Rosen [236] e la *Norske Ambulanse* soccorreva le vittime dell'iprite [237].

Erano gli episodi finali di una lunghissima e macabra serie di crimini che avevano coinvolto strutture legalmente protette dall'emblema rossocrociato.

Gli Italiani hanno palesemente violato il diritto internazionale, attaccando tutti gli ospedali impegnati nel difficile intervento umanitario nella guerra d'Abissinia.

---

[234] Senato della Repubblica, *Cremonesi Filippo*, notes9.senato.it/
[235] Il Giornale Italiano, Sidney, 18.03.1936, p. 4
[236] Vedi 3.7
[237] Vedi 3.8

Esiste, invero, la possibilità che a Dessiè si ci sia stato un tragico errore di mira, visto che il *target* era la residenza del Negus, in qualità di Comandante in Capo delle Forze Armate nemiche [238].

Ma in tutte le altre situazioni non c'era ragione di scaricare ordigni bellici su luoghi in cui non c'erano obiettivi militari.

Il Primo Ministro Mussolini, inizialmente, rivolse un cauto un invito [239] a Badoglio:

*Bisogna soltanto cercare di evitare
le istituzioni internazionali croce rossa.*

Tuttavia, il Maresciallo preferì non seguire il suggerimento, continuando la sua attività distruttrice, fino ad essere addirittura autorizzato dal Duce [240] a colpire

*qualsiasi croce rossa si trovi a Gondar
et qualsiasi bandiera
tiri fuori all'ultimo momento*

Sebbene si fosse raccomandato di fare una rilevante eccezione:

*eviti tuttavia di danneggiare
croce rossa inglese se esiste.*

---

[238] Vedi 2.4
[239] Vedi 3.6
[240] DEL BOCA, *I gas di Mussolini*, p. 47.

Peccato che la *British Red Cross* era stata già devastata dalla Regia Aeronautica, provocando inizialmente l'irritazione del Governo britannico [241].

Anche se, in segiuto, Londra avrebbe rimosso questo episodio, non potendosi permettere di mandare alla sbarra il Maresciallo Badoglio [242].

In compenso, la propaganda fascista accusò gli Abissini di aver prima sparato a delle infermiere italiane e poi ucciso tre persone nel corso di un attacco ad un piccola clinica [243].

---

[241] Vedi 3.6.
[242] Vedi 4.6 e 4.7
[243] Observatoire Humanitair, www.observatoire-humanitaire.org/

4.2   L'impiego di gas proibiti

Il Protocollo di Ginevra [244] concernente la proibizione di usare in guerra gas asfissianti, tossici o simili e mezzi batteriologici, sottoscritto nel 1925 [245].

Si trattò del primo accordo internazionale in tema di disarmo della storia contemporanea, ma presentava il grave limite di concedere agli Stati aderenti la facoltà di porre delle riserve.

In altre parole, si poteva scegliere di non applicarlo quando si veniva attaccati proprio con le armi vietate dalle norme [246].

Il Regno d'Italia ratificò integralmente il trattato tre anni dopo, senza quindi approfittare della prevista eccezione alla regola.

Ma il Primo Ministro Mussolini volle ugualmente appellarsi al diritto di ritorsione, giustificato da presunte "atrocità' compiute dall'Impero abissino.

In realtà, quando si decise di invadere il Paese di Selassie non era stato commesso alcun crimine: la causa scatenante per l'aggressione venne individuata nella scaramuccia avvenuta nel dicembre del 1934 a Ual Ual, località sita tra la Somalia Italiana e l'Abissinia.

---

[244] Protocol for the Proibition of the Use of Asphyxiating, Poisonous or other Gases, and of Bacteriological Methods of Warfare, Geneva, 1925: "That the High Contracting Parties, so far as they are not already Parties to Treaties prohibiting such use, accept this prohibition, agree to extend this prohibition to the use of bacteriological methods of warfare and agree to be bound as between themselves according to the terms of this declaration".
[245] Gazzetta Ufficiale n. 046 del 24.02.1928.
[246] BELLADONNA, *Gas in Etiopia*, p. 65.

Successivamente, il Duce ordinò che si istigasse il verificarsi di episodi che avrebbero, a suo dire, legittimato l'attacco con sostanze chimiche proibite.

Nel corso della guerra, infatti, sarebbero stati denunciati dei gravi reati militari, come l'uso di pallottole ad espansione [247] e la tortura dei prigionieri [248].

Se fosse necessario confermare questo argomento, basterebbe leggere un appunto scritto da Benito Mussolini a guerra già iniziata:

> [...] *usiamo regolarmente i gas asfissianti*
> *nei nostri bombardamenti aerei* [...]
> *abbiamo sottoscritto la Convenzione con la quale*
> *ci siamo impegnati a non fare uso di gas* [...]
> *bisognerà provvedere a che in avvenire l'eventuale*
> *impiego di gas fosse preceduto dalla denuncia di atrocità*
> *abissine che giustifichino una nostra rappresaglia* [249].

Alla prima Viglilia di Natale, lo stesso Comandante Badoglio, dopo aver fatto azionare i nebulizzatori sulla boscaglia dove si annidavano i soldati nemici, avrebbe mandato a Roma un telegramma [250] di questo tenore:

> *Ora tutti hanno terrore dei nostri gas.*

Le Autorità, quindi, erano pienamente coscienti di adottare metodi vietati dal diritto umanitario, sebbene ritenessero, con sconcertante ingenuità oppure con colpevole ignoranza, di poter ricorrere a delle legittime eccezioni.

---

[247] Vedi 4.3
[248] Vedi 4.4.
[249] Appunto del 04.01.1936, in PALMIERI, *L'ora solenne.* p 198.
[250] Storiologia. www.storiologia.it/biografie.badoglio.htm

Rimane il fatto che l'impiego di gas non avrebbe mai potuto essere giustificato da "atrocità" del nemico, ma soltanto da un attacco con le medesime modalità.

Il che non è avvenuto, visto che l'Abissinia sarebbe stata responsabile tuttalpiù dello scontro a fuoco di Ual Ual, avvenuto in modo tradizionale.

Ma anche in caso contrario, non si può ignorare che la ratifica italiana del Protocollo di Ginevra non prevedeva alcun diritto di ritorsione.

Dopo tanti anni, di nessuno mette più in dubbio questo crimine di guerra commesso dal Fascismo [251].

E i primi a denunciarlo furono gli operatori della Croce Rossa [252].

---

[251] Per motivi tecnici, si potrebbe solo sollevare qualche dubbio sulla vastità dell'attacco con le sostanze chimiche proibite. Cfr. ROMEO DI COLLOREDO P., www.storiainrete.com/

[252] Vedi 3.1 e ss.

4.3 L'uso di pallottole vietate

Dopo aver occupato Neghelli [253], nell'ottobre 1935, il Comandante Rodolfo Graziani denunciò per la prima volta di aver rinvenuto molti proiettili capaci di provocare degli "squarci" nella carne dei suoi soldati, come coerentemente avrebbero testimoniato anche i giornalisti stranieri presenti [254].

Di conseguenza, il Presidente del Consiglio Benito Mussolini inviò un telegramma [255] al Maresciallo il 27 aprile '36 per autorizzarlo ad usare i gas tossici in combattimento

visto che gli Abissini continuano
a impiegare dum dum.

Il cosiddetto "dum-dum", a cui si riferiva il Duce, è un tipo di pallottola per armi leggere studiato per accrescere la letalità ed il potere d'arresto dell'arma.

L'etimologia deriva dal nome dell'Arsenale inglese di Calcutta, in India, dove, per ferire gravemente il nemico, alla fine del XIX secolo si pensò di rimuovere la parte di camiciatura intorno alla punta della palla [256].

Ma, dal momento che sfrutta il principio dell'espansione, il suo utilizzo in guerra è contrario al diritto umanitario.

---

[253] Città sita a duecento chilometri a sud della Capitale Addis Abeba.
[254] CANOSA, p. 97.
[255] Idem, p.106.
[256] ERFO, http://erfolgreich.altervista.org/pallottole-dum-dum

In base alla Quarta Dichiarazione della Convenzione de L'Aja del 1899, infatti, le Parti Contraenti convengono di astenersi dall'uso di

proiettili che si espandono o si appiattiscono
facilmente nel corpo umano,
quali i proiettili con l'involucro rigido
che non copre tutto il nucleo,
o perforati ad intaglio [257].

Il Capitano Brophil, già attivissimo operatore umanitario durante tutto il conflitto [258], nella sua nuova veste di Direttore della Croce Rossa Etiope si sentì in dovere di prendere posizione in merito.

Incalzato da un giornalista statunitense [259], l'Irlandese escluse che nei combattimenti vi fosse mai stato uso di munizioni vietate dalla normativa internazionale.

Quindi, ipotizzò che quel genere di ferita accertata sul corpo degli Italiani avrebbe potuto essere stata procurata da pallottole ordinarie dopo essere rimbalzate sulla roccia.

Ma l'accusa finì addirittura per coinvolgere la stessa Organizzazione ginevrina, sospettata addirittura di aver

---

[257] Testo ufficiale della IV Dichiarazione del 29.07.1899: "The Contracting Parties agree to abstain from the use of bullets which expand or flatten easily in the human body, such as bullets with a hard envelope which does not entirely cover the core, or is pierced with incisions".

[258] Vedi

[259] The Afro American, 02.05.1936, p. 3.

rinunciato al principio di neutralità che dovrebbe contraddistinguerla in ogni evento bellico.

Ciò accadde quando una **cartolina** disegnata dal noto caricaturista Aurelio Bertiglia [260], sbeffeggiò gli operatori umanitari locali, che in Italia erano considerati dei fiancheggiatori delle truppe abissine.

Avrebbero custodito negli ospedali e nelle ambulanze casse di pallottole ad espansione, che poi sarebbero state illecitamente impiegate dai militari contro il Regio Esercito.

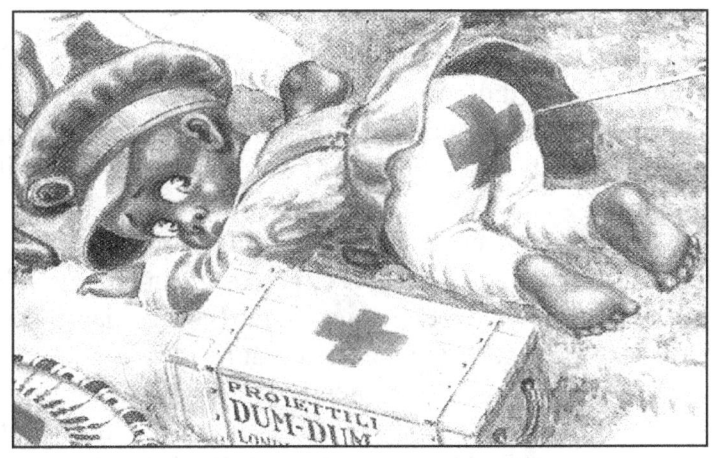

Di fronte a questa insinuazione, peraltro mai dimostrata, il nuovo Presidente della Croce Rossa Etiope Belaton Gueta **Herrouy** si disse "astonished" [261].

---

[260] BERTIGLIA, http://italianmonarchist.blogspot.it/
[261] League of Nations, Communication, 14.04.1936, p. 5

4.4   I prigionieri e la Mezzaluna Rossa

All'epoca della guerra italo-abissina era in vigore la Convenzione di Ginevra sul trattamento dei prigionieri di guerra del 27 luglio 1929; in base all'Articolo 2,

I prigionieri di guerra [...]
devono essere trattati sempre con umanità
ed essere protetti specialmente dagli atti di violenza,
dagli insulti e dalla pubblica curiosità. [...]

In spregio a questa disposizione, nell'autobiografia dei comandanti italiani [262] e su Internet è assai agevole prendere atto dei sistematici atti di feroce e compiaciuta violenza operati dagli occupanti sui nemici caduti nelle loro mani.

Tuttavia, un episodio di "atrocità", questa volta ai danni di un ufficiale della Regia Aeronautica, avrebbe costituito il pretesto per il successivo uso di gas tossici contro la popolazione locale a titolo di ritorsione [263].

Il 15 febbraio 1936, negli uffici di redazione del Giornale d'Oriente [264] si sarebbe presentato "spontaneamente" Abdel Mohsen el Wishy, in servizio presso l'ospedale della Mezzaluna Rossa egiziana [265].

Egli, sotto il "vincolo del giuramento", dichiarò di aver visto il 24 dicembre un individuo in tenuta di aviatore, con le mani legate dietro la schiena, trascinato da un reparto di soldati abissini.

---

[262]   Cfr. FILIBERTO DI SAVOIA-GENOVA e BASTICO, op. cit.
[263]   Vedi 4.2
[264]   Giornale d'Oriente, https://czz56.wordpress.com/tag/
[265]   Vedi 2.5

Secondo il periodico, si trattava del Tenente Tito Minniti, calabrese di Placanica, al quale anni dopo sarà intitolato l'Aeroporto di Reggio Calabria.

Nella motivazione della Medaglia d'oro al valor militare riconosciutagli *post morten* [266], si apprende che il giorno 26 dicembre '35, partito in volo dal campo di Gorrahei per ricognizione su Dagabur, fu costretto ad atterrare nelle linee nemiche poichè il suo apparecchio venne colpito dall'antiaerea.

Purtroppo non vi si fa alcun cenno a ciò che accadde dopo la sua cattura; l'attuazione del crimine, dunque, si baserebbe unicamente sulla testimonianza di un operatore umanitario, raccolta da una testata giornalistica controllata dal Regime romano.

Nell'articolo si afferma che l'infermiere, a febbraio 1936, si sarebbe avvicinato *sua sponte* a delle persone appartenenti a quella stessa Nazione che, nei mesi precedenti, aveva inviato i bombardieri a colpire numerosi presidi rossocrociati, distruggendo e uccidendo [267].

---

[266] Motivazione della Medaglia d'oro al vaolr militare assegnata alla memoria del Tenente Tito Minniti: "Ardito e provetto pilota, in lunghi voli di ricognizione su territorio nemico, dava costante prova di tenacia, fermezza e sprezzo del pericolo. Portava per primo nei giorni 21 e 26 novembre 1935, l'Ala tricolore nel cielo di Giggica e Harrar, ultimando e portando a compimento la sua ardita missione nonostante le proibitive condizioni atmosferiche. Il giorno 26 dicembre, partito in volo dal campo di Gorrahei per ricognizione su Dagabur, veniva colpito all'apparecchio da violento fuoco di reazione antiaerea che lo costringeva ad atterrare nelle linee nemiche. Anziché sottomettersi ad una massa imbaldanzita accorsa per catturarlo, affiancatosi al suo sottufficiale, preferiva ingaggiare una titanica ed indomita lotta. Soverchiato dal numero e dalla ferocia del barbaro nemico perdeva gloriosamente la vita. Fulgido esempio di elevate virtù militari, fiero spirito di sacrificio e d'italico indomito valore. Dagabur, 26 dicembre 1935".

[267] Vedi 2.1 e ss.

Eppure, el Wishy avrebbe sentito ugualmente il bisogno di rendere pubblica la sua versione dei fatti relativa al trattamento del Prigioniero, per di più dopo aver giurato (formula non proprio adatta ad un'inchiesta giornalistica).

Potrebbe inoltre suscitare qualche perplessità il fatto che la missione ricognitiva del Tenente Pilota sia avvenuta quarantottore dopo la data in cui sarebbe stato ammanettato.

Tornando al merito, l'Egiziano dichiarò che gli Abissini misero i ceppi anche ai piedi di Minniti, lo legarono ad un albero e, tenendolo fermo, gli mozzarono le dita.

Dopodiché, al disgraziato che urlava di dolore, tolsero la giacchetta e la camicia, sputarono in faccia e poi recisero gli organi genitali, sino a farlo morire dissanguato.

Il cadavere venne infine sezionato: la testa ed i piedi furono infilati nelle baionette, mentre si tentava di bruciare gli altri miseri resti con il petrolio.

All'intervistato pareva di ricordare che, nel quarto giorno successivo a questo terribile episodio, gli aeroplani compirono un'incursione lanciando dei manifesti [268], firmati dal Generale Graziani, in cui era scritto:

Avete assassinato un aviatore italiano,
violando i principi dell'umanità
per i quali i prigionieri sono sacri.
Sarete puniti.

---

[268] Giornale d'Oriente, https://czz56.wordpress.com//

Puntualmente, l'Aeronautica bersagliò tutta la Regione Somala, senza però nemmeno sfiorare l'ospedale della Mezzaluna Rossa, visto che la bomba più vicina sarebbe caduta a ben tre chilometri dalle sue tende.

E se gli operatori sanitari arabi, alcuni giorni dopo, lasciarono Bullaleh per trasferirsi a Jijiga e Harar [269] non fu certo per il timore di essere colpiti dal cielo, bensì per la pericolosa vicinanza delle truppe di Selassie, prese di mira dai precisi bombardieri fascisti.

Kaamel Aluned e Labib Salamah, membri della medesima Missione umanitaria, confermarono pienamente, sempre sotto il vincolo del giuramento, le dichiarazioni fatte al Giornale d'Oriente.

Ma, già nel febbraio 1936, l'infermiere e altri suoi colleghi inviarono alle Autorità egiziane una serie di lettere per ritrattare questa versione [270].

Affermaronoche, per quanto avessero potuto osservare, il trattamento riservato dai soldati locali ai nemici catturati era stato sempre "eccellente" e definirono le affermazioni italiane una "mera coazione di bugie" [271].

Un caso simile era stato sollevato dal cuciniere Labib Hassan Ibrahim, pure lui in servizio a Bullaleh, che aveva dichiarato ad un quotidiano parigino [272] di aver visto nel dicembre '35 due prigionieri, pur feriti, avevano ferri a mani e piedi, con segni di sigaretta sul viso.

Ciò venne però smentito dal Principe Daoud [273], che negò la presenza di militari detenuti nelle località in cui erano operativi gli ospedali dell'Egitto.

---

[269] Vedi 2.5
[270] MARIAM, *Dispute*, p. 6 e ss..
[271] Testo in lingua inglese: "a mere coaction of lies".
[272] L'Écho de Paris, 07.02.1936, p. 6.
[273] Vedi 3.5

4.5   L'abuso dell'emblema di Croce Rossa

Roma sostenne spesso che gli Abissini abusavano del simbolo dell'Organizzazione e nascondevano armi negli ospedali, come nel caso del Dottor Belau [274].

Inoltre, accusò il Governatore di Harar, Dajjazmach Nasibu Zamanuel, di aver issato, nel settembre 1935, una bandiera rossocrociata sul tetto di un nosocomio che ospitava una radio militare [275].

La croce di colore rosso, per la verità, non avrebbe quasi mai garantito protezione di fronte agli implacabili bombardamenti della Regia Aeronautica,

Però in alcuni casi in cui le norme internazionali sono state effettivamente disattese.

La **copertina** [276] di un settimanale italiano raffigurò un convoglio della Croce Rossa Svedese intercettato dalle truppe italiane.

---

[274] Vedi 3.5

[275] Observatoire Humanitaire, www.observatoire-humanitaire.org

[276] La Domenica del Corriere, 09.02.1936, copertina.

I *camion* vennero fermati e perquisiti, nonostante la protezione prevista dal diritto umanitario a favore dei mezzi adoperati dai Rossocrociati .

Comunque, accanto agli attrezzi ospedalieri, sarebbero state rinvenute e requisite anche diverse casse di munizioniL'episodio, invero, sarebbe stato confermato indirettamente dal Dottor Hooper, il Direttore del Quarto Ospedale della Croce Rossa Etiope [277].

Alla stampa americana [278] Egli raccontò che il Ras Desta, nel corso della sua ritirata, caricò dei proiettili su un veicolo rossocrociato e, per ritorsione, gli Italiani decisero così di bombardare.

Si trattò dunque di una violazione del principio di neutralità, il che non può che sorprendere, vista la riconosciuta professionalità di Fride Hylander, il quale venne anche ferito gravemente durante un attacco aereo alla Svenska Ambulansen [279].

Probabilmente, l'Ufficiale non seppe dire di no alle forti insistenze del Comandante del Reparto militare di cui la sua Unità sanitaria era ausiliario.

---

[277] Vedi 2.3
[278] Cootamundra Daily Herald, 10.06.1936, p. 1.
[279] Vedi 2.4

Anche l'organo del Partito Fascista [280], nel gennaio del 1936, sfoderò il suo feroce sarcasmo per ridicolizzare gli operatori umanitari scandinavi, accusati di essere al soldo delle truppe nemiche.

CROCE ROSSA NEGROFILA

Nell' ospedaletto della Croce Rossa svedese ad Uadarà è stato rinvenuto numeroso materiale bellico.

— Dottore, a questa bombola d'ossigeno manca la presa d'attacco per il tubo....

[280] Il Popolo d'Italia, 30.01.1936, in BAUDENDISTEL, p. 107.

L'aiuto farmacista della Missione della Mezzaluna Rossa dichiarò ad un quotidiano parigino [281] che gli Abissini, all'arrivo dei bombardieri italiani, si erano rifugiati nell'ospedale del Dottor Hockman, di stanza a Dagabur [282].

Un diffuso periodico romano [283], agli inizi del 1936, volle dedicare una **copertina**, illustrata dal bravissimo vignettista Vittorio Pisani, ad una circostanza molto simile che sarebbe accaduta a Korem, così come raccontata dai piloti della Regia Aeonautica.

---

[281] L'Écho de Paris, 07.02.1936, p. 6.
[282] Vedi 2.6
[283] La Tribuna Illustrata, 19.01.1936, copertina.

Anche in questo caso, Brophil non si sottrasse alle sue responsabilità di Direttore della Croce Rossa Etiope e prese una posizione ufficiale relativa alle accuse.

Intervistato da un giornale afro-americano [284], negò senza esitazione qualunque abuso dell'emblema, aggiungendo che le Unità rossocrociate agivano sotto l'autorità dell'Imperatore ed erano guidate da medici responsabili che non avrebbero mai permesso il verificarsi di simili episodi.

Concluse assicurando che

ogni volta che ci accampavamo e issavamo questa bandiera [della Croce Rossa, NdA], *mi accertavo che non ci fossero truppe nel raggio di quattrocento metri dal nostro ospedale da campo.*

---

[284] The Afro American, 02.05.1936, p. 3.

4.6   I criminali di guerra

Il Primo Ministro del Regno d'Italia venne di fatto "sfiduciato" dal Gran Consiglio del Fascismo all'alba del 25 luglio del 1943.

Nel pomeriggio, si recò nella residenza reale di **Villa Ada Savoia** per riferire a Vittorio Emanuele III.

Al termine del colloquio, uscendo da quell'edificio romano, venne preso in consegna da funzionari di polizia e caricato con decisione su di un veicolo con il tettuccio rossocrociato.

Fu lo stesso Benito Mussolini a fare una relazione, pubblicata successivamente [285], del suo clamoroso arresto:

Sopraggiungeva un'ambulanza della Croce Rossa
[...] salii dunque sull'auto lercia [...]
partì a strappo [...]
e ci arrestammo nel cortile
della caserma Podgora dei Carabinieri [...].

Poche ore dopo, con un telegramma inviato a Londra [286], il Presidente degli Stati Uniti Franklin Delano Roosevelt sentenziò che

il Diavolo (Haed Devil) dovrebbe essere consegnato
assieme ai suoi complici criminali.

Dato per scontato che il ruolo satanico era impersonato dall'ex Duce, è facile dedurre che tra i suoi principali *partners in crime* potevano identificarsi anche Pietro Badoglio e Rodolfo Graziani, coinvolti nella violazione del diritto umanitario in Abissinia

Ma il Re aveva dato l'incarico di formare un nuovo Governo proprio al primo dei due Marescialli d'Italia, il quale non doveva essere necessariamente considerato l'erede naturale del deposto Dittatore.

---

[285] MUSSOLINI B, http://guardiaduce.blogspot.it/
[286] Traduzione non ufficiale del testo: "the Head Devil should be surrendered together with his chief partners in crime", PANKHURST, *Italian Fascist war crimes in Ethiopia*, pp. 85-86.

Anzi, il medesimo personaggio che durante il Ventennio 1922-1943 era diventato Comandante Supremo delle Foze Armate veniva improvvisamente visto dagli Angloamericani come un potenziale e preziosissimo alleato nella loro missione di debellare la tirannia nazifascista in tutta Europa.

Inoltre, la posizione del Generale apparve subito davvero fragile, dato che doveva governare un Paese il cui territorio era in gran parte occupato sia dai Tedeschi, comprensibilmente sconcertati dall'arresto di Mussolini, che dalle truppe inglesi e statunitensi, le quali da un paio di settimane controllavano la Sicilia.

I Britannici, dunque, si mostrarono decisamente più cauti degli Alleati d'Oltreoceano: rispondendo a Washington [287], il *Premier* Winston Churchill scrisse che, una volta finiti in mani sicure il "Diavolo" ed i suoi complici, si sarebbe dovuto decidere il trattamento da riservare loro, ma soltanto

dopo uno specifico accordo scritto con
l'Unione delle Repubbliche Socialiste Sovietiche (URSS).

Ma pure Dwight Eisenhower, Comandante delle Forze Alleate in Europa, temeva che prendere i criminali nel futuro prossimo avrebbe pregiudicato l'obiettivo primario di far uscire l'Italia dalla guerra [288].

---

[287] Traduzione non ufficiale del testo: "[The Head Devil together with his partners in crime] Should they fall into our hands, we ought now to decide in consultation with the US and after agreement with them with the USSR what treatment should be meted out to them ", PANKHURST, p. 86.

[288] Traduzione non ufficiale del testo: "We can secure the person of the head devil and his assistant in due time", PANKHURST, p. 87.

Il 30 luglio, infatti, il Generale statunitense comunicò al Primo Ministro inglese che si sarebbe occupato di *Haed Devil* e degli assistenti

al tempo dovuto.

In pratica, tutte le questioni giudiziarie relative a Benito Mussolini e dei suoi principali collaboratori in quel momento erano considerate *non essential* e quindi dovevano essere rimandate.

Già ai primi di agosto 1943, però, l'argomento costituì un motivo di grave imbarazzo per Londra, a causa di un deputato unionista.

Vyvyan Adams, infatti, alla *House of Commons* interpellò [289] il Segretario Anthony Eden [290] per sapere se intendeva portare

il comportamento del Maresciallo Badoglio in Etiopia all'attenzione del Tribunale delle Nazioni Unite per il processo dei criminali di guerra.

In realtà, questo *Tribunal* non esisteva ancora.

Dieci mesi prima era stata solo annunciata l'imminente nascita di una commissione che avrebbe dovuto indagare sulle gravi violazioni del diritto umanitario.

Un'interpellanza così insidiosa, però, non poteva restare senza una risposta ufficiale.

---

[289] Traduzione non ufficiale del testo: "… whether he would bring the behaviour of Marshal Badoglio in Ethiopia to the attention of the United Nations Tribunal for the trial of War Criminals", PANKHURST, p. 88.

[290] Segretario agli Esteri del Governo Britannico.

Il *Foreign Office* dichiarò allora che *Her Majesty's Government* non avrebbe deferito i reati commessi nel territorio della Gran Bretagna o che fossero contro soggetti britannici.

Ma non venne fatto alcun riferimento al Maresciallo d'Italia [291].

Poi arrivò il traumatico Otto Settembre, giorno in cui venne resa nota la firma dell'Armistizio tra il Governo italiano e le forze multinazionali che controllavano una buona parte del Meridione.

Fatalmente, Pietro Badoglio smise all'improvviso di essere un nemico degli Anglo-Americani, per diventare addirittura il principale referente dell'antifascismo, in quanto *leader* del nascente Regno del Sud, con Brindisi Capitale.

Risultava, quindi, improponibile un'incriminazione del Presidente del Consiglio, a prescindere dalla gravità dei reati commessi quando era un Militare, tra cui quello di aver bombardato in Abissinia l'ospedale da campo della *British Red Cross* [292].

Il 20 ottobre del 1943, la *United Nations War Crimes Commission* (**UNWCC**) si insediò a Londra.

Ma fra i suoi diciassette Stati Membri, clamorosamente, non figurava quello etiope.

Nella Capitale del Regno Unito, venne dunque presentata un'altra spinosissima interrogazione parlamentare [293].

---

[291] PANKHURST, p. 90.

[292] Vedi 3.6

[293] Traduzione non ufficiale del testo: "... proposed to invite Ethiopia to serve with members of the United Nations on the Commission ...?", PANKHURST, p. 92.

Il laburista Creech Jones, infatti, chiese al Ministero degli Esteri inglese se avrebbe

[...] *invitato l'Etiopia ad affiancare i membri delle Nazioni Unite nella commissione* [...]

Toccò al Sottosegretario George Hall rispondere in forma scritta che la Commissione delle Nazioni Unite era sicuramente pronta a considerare ogni informazione che Addis Abeba avesse voluto fornire relativamente ai delitti commessi contro i propri cittadini.

Non era tuttavia in programma l'invito di altri Paesi a partecipare attivamente ai suoi lavori [294].

All'inizio del novembre 1943, il Presidente Roosevelt, il *Prime Minister* Churchill ed il Segretario Generale del Partito Comunista dell'URSS Giuseppe Stalin sottoscrissero la storica Dichiarazione di Mosca

Ciò gettò le basi giuridiche del moderno diritto penale internazionale, prevedendo l'istituzione dei tribunali competenti sui crimini di guerra.

Due giorni dopo, il deputato laburista Emanuel Shinwell riaprì anche la questione relativa all'uso dei gas tossici durante il conflitto italo-abissino.

Chiese infatti al Governo del Regno Unito se non sarebbe stato un atto di giustizia consegnare i respomsabili agli Etiopi.

In evidente difficoltà, il Portavoce Richard Law tentò di chiudere subito la discussione, replicando precipitosamente con delle parole che sarebbero divenute leggendarie:

Quella è un'altra guerra !

---

[294] PANKHURST, p. 95.

L'apparente incomprensibilità della risposta potrebbe essere spiegata con la posizione, non certo ufficiale, del Gabinetto Churchill.

Questo voleva tenere concettualmente separato il conflito italo-abissino dalla successiva *World War II*, in modo da sottrarre il fedele Pietro Badoglio da un processo che avesse per oggetto le sue gravi violazioni del diritto bellico.

Lo dimostrerebbe un *memorandum* [295] scritto dal *Foreign Office* pochi giorni prima, in cui si sosteneva che la UNWCC

non è preparata a considerare i crimini di guerra commessi in Abissinia dagli Italiani prima dello scoppio della presente guerra.

In altre parole, la vertenza etiopica non avrebbe potuto essere presa in considerazione in quanto nel 1939 i combattimenti non erano più in corso.

Per il Ministero degli Esteri inglese, inoltre, era "fuori questione" [296] che Addis Abeba denunciasse i reati militari perpetrati dalle regie truppe.

---

[295] Traduzione non ufficiale del memorandum del Foreign Office del 31.10.1943: "As far as Ethiopia is concerned there can I think be no questiono f her being admitted to the Commission itself. Nor, according to our proposal, will the Commission be prepared to consider war crimes committed in Abyssinia by the Italians before the outbreak of the present war", PANKHURST, p. 93.

[296] Traduzione non ufficiale del testo del parere legale di Sir Herbert Malkin: " [...] I imagine that their object in being represented would be to bring before the Commission the crimes wich the Italians undoubtedly committed during the original conquest of the country. This, however, is surely out of the question for several reasons, one of wich is that probably the first name on the Ethiopian list would be Marshal Badoglio", PANKHURST, p. 101.

E questo proprio perchè

il primo nome sulla lista etiope sarebbe
il Maresciallo Badoglio.

Il 22 aprile 1944 si costituì a Salerno un nuovo Governo sostenuto dai partiti del Comitato di Liberazione Nazionale (CLN) e Badoglio mantenne la Presidenza del Consiglio.

Paradossalmente, a maggio fu proprio questo Gabinetto a dichiarare ufficialmente la propria intenzione di riparare le distruzioni della guerra ed

eseguire accurate e rigorose indagini
per precisare torti e violenze fasciste e
adottare le più severe sanzioni per i colpevoli.

Escludendo a priori ogni riferimento al passato criminoso del Primo Ministro, è verosimile che l'obiettivo di queste inchieste fosse in realtà l'alta dirigenza della Repubblica Sociale Italiana, uno Stato filonazista arroccatosi al Nord [297], in continuità con il regime mussoliniano.

Il 4 giugno 1944, le truppe angloamericane liberarono Roma; lo stesso giorno, Umberto di Savoia, in qualità di Luogotenente Generale del Regno d'Italia [298], rinviò il Presidente del Consiglio di fronte al Consiglio Nazionale di Liberazione per chiederne la fiducia.

---

[297] La Capitale era Salò, cittadina bresciana sul Lago di Garda.

[298] Umberto aveva ottennuti i poteri sovrani dal padre Vittorio Emanuele III, senza tuttavia possedere la dignità di re

Sorprendentemente, Pietro Badoglio fu invece costretto a dimettersi dal Governo, che aveva guidato dal giorno dell'arresto di Mussolini.

Dagli amici del Regno Unito, in compenso, ricevette un affettuoso messaggio di ringraziamento per l'opera svolta in nove mesi di attività politica [299].

Due settimane dopo venne sostituito dal riformista Ivanoe Bonomi, il cui Dicastero, tuttavia, durò solo pochi mesi.

Approfittando della confusione dovuta alla crisi governativa, intervenne allora il Conte Carlo Sforza, da poco nominato Alto Commissario alle Sanzioni contro il Fascismo.

Questi, nel tardo autunno del 1944 comunicò al *Premier* uscente la sua intenzione di incriminare per crimini di guerra l'ex Comandante delle truppe d'occupazione dell'Abissinia [300].

La notizia, sebbene riservata, giunse molto presto sino a Londra.

L'otto dicembre 1944, Churchill, con un telegramma *personal and top secret* inviato a Roma, notificò al suo Ambasciatore Noel Charles [301], di essere responsabile

per la sicurezza e l'intangibilità [sanctuary]
del Maresciallo nell'Ambasciata Britannica
o in altra sede egualmente sicura
in cui Egli deve essere condotto.

---

[299] Museo Storico Badogliano,www.museobadoglio.altervista.org/
[300] www.ilpostalista.it/tramonto_012a6.htm
[301] Traduzione non ufficiale del testo del telegramma del 08-12-1944: "You are responsible for the Marshal's safety and sanctuary in the British Embassy or in some equally safe place to wich he can be removed", PANKHURST, p. 106.

E' dunque facile immaginare, che l'ex *premier* Pietro Badoglio, pur non ricoprendo più il vecchio ruolo del baluardo contro il Nazifascismo, si sia presto convinto dell'opportunità di essere ospitato, nei pressi di Porta Pia, nella lussuosa **Villa Bracciano** [302], in passato appartenuta alla nobile famiglia Torlonia.

---

[302] Notizie VIP, www.notizie.vip/

L'edificio romano, godendo dell'immunità diplomatica prevista dal diritto internazionale consuetudinario, era infatti inaccessibile a tutte le Forze di Polizia italiane.

Soltanto dopo essersi assicurato della *sanctuary* del suo illustre ospite, dunque, Charles si recò al Palazzo del Viminale [303] per incontrarsi con il Presidente del Consiglio dimissionario e chiedere spiegazioni sull'allarmante notizia [304].

Bonomi, chiaramente disorientato dall'autoritaria iniziativa del Regno Unito, raggiunse telefonicamente l'Alto Commissario Sforza in presenza dello stesso Ambasciatore britannico.

E, al termine di un grottesco colloquio, dovette garantire che il Maresciallo non sarebbe stato incriminato né, tanto meno, arrestato.

Dissipatosi in sole quarantott'ore il pericolo di essere chiamato a rispondere delle gravi violazioni del diritto umanitario - in primo luogo, il bombardamento degli ospedali della Croce Rossa - durante la campagna abissina del 1935/36, Pietro Badoglio potè quindi rinunciare alla pur accogliente extraterritorialità e tornare a circolare liberamente.

Al contrario, Benito Mussolini, persa la guerra civile, rimase vittima di un atto di giustizia sommaria e nell'aprile del 1945 fu fucilato nel Comasco dai partigiani della Brigata Garibaldi.

---

[303] Il Palazzo del Vimininale dal 1925 era sede sia della Presidenza del Consiglio che del Ministero dell'Interno.
[304] www.ilpostalista.it/tramonto_012a6.htm

Il Maresciallo Rodolfo Graziani, dissoltasi la Repubblica Sociale Italiana - della quale era Ministro della Guerra -, ottenne dagli Americani lo *status* di prigioniero di guerra in Algeria [305];

Consegnato alla Magistratura italiana, fu inarcerato sull'isola napoletana di Procida, come detenuto n. 220.

Poi venne trasferito nella Capitale, dapprima al carcere di Forte Boccea e successivamente, essendosi aggravate le sue condizioni di salute, all'Ospedale Militare del Celio [306].

Nell'agosto 1945 venne firmato a Londra l'accordo istitutivo di un tribunale militare internazionale per il perseguimento dei maggiori criminali di guerra dell'Asse Europeo; pochi mesi dopo vi aderì anche l'Etiopia.

All'inizio del 1946, il Ministero degli Esteri dell'Italia liberata manifestò l'intenzione di raccogliere una larga documentazione sui crimini di guerra commessi in quelle Nazioni, tra le quali l'Etiopia, che maggiormente "si agitano" [307] per avere nelle loro mani i presunti responsabili e

contrapporre al momento in cui ci verranno fatte imposizioni alle loro liste le nostre.

Roma, evidentemente, temeva che pretendere dalla Germania la consegna degli autori delle stragi naziste compiute in Italia avrebbe potuto legittimare le richieste di altre Capitali - compresa Addis Abeba - nei confronti dei fascisti accusati di aver commesso gravissimi reati all'estero.

---

[305] CANOSA, *Graziani*, pp. 186/87.
[306] DEL BOCA, www.treccani.it/
[307] Appunto del 25.01.1946, Atti Parlamentari, p. 243

E infatti il Ministro della Guerra Manlio Brosio [308] a febbraio propose al Presidente del Consiglio Alcide De Gasperi di istituire una commissione inquirente.

Questa avrebbe dovuto raccomandare il perseguimento delle persone responsabili di violazioni delle leggi e degli usi di guerra, in modo da

eliminare la possibilità di arresti
e di consegne di Italiani agli Stati richiedenti,
senza il concorso dello Stato Nazionale.

A maggio '46, finalmente la Commissione d'Inchiesta italiana divenne operativa e in autunno rese pubblici due elenchi di ufficiali e funzionari civili sotto accusa.

Ma, con grande delusione da parte dell'Etiopia, non vi compariva nemmeno un nome degli alti ufficiali che guidarono la conquista dell'Abissinia.

Nel frattempo, Wolde Mariam, Vice Ministro degli Esteri etiope, aveva annunciato, con una lettera inviata all'ONU [309], che una commissione nazionale avrebbe avuto piena autorità per indagare sui più gravi delitti commessi durante la guerra del 1935/36 dai "singoli" Italiani [310].

---

[308] Lettera del del 06.02.1946, Atti Parlamentari, p. 428.

[309] Organizzazione delle Nazioni Unite, con sede a New York.

[310] Testo originale della lettera di Mariam del 22.07.1946: "[...] full authority for and charged with the functions of assembling evidence of war crimes in Ethiopia and of bringing and instituting charges and criminal proceedings against Italian individuals who have committed major war criminals against Ethiopia and the Ethiopian people", PANKHURST, *Italian Fascist*, p. 113.

La sorte di Pietro Badoglio - che aveva anche perso la carica di Senatore del Regno per avere approvato molte leggi che avevano consolidato la dittatura fascista [311] - oscillava dunque tra la sostanziale immunità penale di cui godeva in Europa ed il concreto pericolo di un'incriminazione in Africa.

---

[311] All'epoca, il Senato si chiamava Alta Corte di Giustizia.

4.7   Il "rinvio a giudizio" e l'estradizione

A livello internazionale, il Ministero degli Esteri del Regno Unito aveva creduto di poter depistare le indagini nei confronti di Pietro Badoglio, quando, a fine luglio 1946, riuscì a fare approvare dai Membri della *United Nations War Crimes Commission* una risoluzione [312] in cui si affermava che

> *non esiste una connessione*
> *tra la guerra italo-abissina e l'attuale guerra.*

Gli Inglesi, insomma, erano usciti finalmente allo scoperto.

Per la prma volta, infatti, avevano reso pubblica la loro linea di condotta che mirava a tenere decisamente separati i due conflitti: quello regionale del 1935-36, consumatosi tra solo due Stati, e l'altro, appena concluso, di dimensione globale.

Lo fecero con l'obiettivo immediato di dichiarare qualunque Giudice incompetente in materia di reati militari commessi prima del 1939.

Ma il vero scopo era chiaramente quello di eitare un imbarazzante proceso penale nei confronti di Pietro Badoglio, vale a dire colui che aveva voltato le spalle a Mussolini e a Hitler, accelerando la liberazione dell'Europa dalla dittatura nazifascista.

---

[312] Traduzione non ufficiale del testo della risoluzione del Terzo Comitato della UN War Crimes Comission del 31.07.1946: "The Commette are not in a possession of any evidence to show that is the opinion of the Governments that any connection exists between the Italo-Abyssinian war and the present war", PANKHURST, p. 115.

A metà ottobre 1946, la Conferenza di Parigi - che aveva cominciato i suoi lavori alla fine di luglio - approvò il testo finale del trattato di pace tra l'Italia e le potenze vincitrici [313].

Roma si impegnava a rispettare la sovranità e l'indipendenza dello Stato etiopico, rinunciava a tutti i diritti acquisiti e a rivendicare qualsiasi interesse speciale od influenza particolare.

Ma la brutta sospresa per il Governo britannico fu il testo dell'Articolo 38 [314], secondo cui la data da cui cominciare ad applicare le norme relative alla responsabilità degli Italiani per tutti gli atti compiuti a danno dell'Etiopia sarebbe stata il

3 ottobre 1935.

Il che equivaleva a dichiarare ufficialmente che la Seconda Guerra Mondiale, almeno dal punto di vista della violazione del diritto umanitario, era di fatto cominciata ben prima del 1939 - come invece sosteneva il rappresentante del Regno Unito - e quindi comprendeva l'invasione dell'allora Abissinia, avvenuta tra il '35 e il '36.

Decisivo fu il voto compatto dei sei Paesi comunisti, vale a dire l'Unione Sovietica, la Bielorussia, l'Ucraina, la Cecoslovacchia, la Polonia e anche la Yugoslavia.

---

[313] Il Trattato sarebbe stato firmato a Parigi il 10 febbraio 1947 tra lo Stato Italiano e le potenze vincitrici della Seconda Guerra Mondiale.
[314] Traduzione non ufficiale del testo dell'Articolo 38 del Trattato di Pace con l'Italia del 10.02.1947: "La date à partir de laquelle les dispositions du présent Traité deviendront applicables en ce qui concerne toutes les mesures et faits de toute nature engageant la responsabilité de l'Italie ou des ressortissants italiens à l'égard de l'Ethiopie, est fixée au 3 octobre 1935".

Per di più, l'Articolo 45 [315] imponeva agli Italiani di prendere le necessarie misure per istruire un processo a carico di

persone accusate di aver commesso o ordinato crimini di guerra e crimini contro la pace o o di esserne state complici.

Il combinato disposto di queste due norme, dunque, sembrò complicare seriamente l'obiettivo di proteggere il Maresciallo da parte di Londra.

Anche Roma, per la verità, fece un tentativo in tal senso: il 25 aprile 1947, Alberto Tarchiani, Ambasciatore a Washington, consegnò all'Amministrazione americana un *memorandum* in cui illustrava le ragioni per cui sarebbe stato "sconveniente" [316] applicare l'Articolo 45.

Gli Inglesi, però, erano ancora in grado di pilotare le procedure della Commissione delle Nazioni Unite.

Il *Foreign Office* riuscì difatti a far ratificare il Trattato soltanto a fine ottobre del 1947 in seno alla UNWCC, il cui mandato sarebbe scaduto a marzo '48.

Di conseguenza, la Magisratura etiope aveva appena cinque mesi per svolgere le proprie indagini a carico dei militari che avevano violato il diritto umanitario durante la guerra italo-abissina, per di più senza disporre di un adeguato apparato investigativo.

---

[315] Traduzione non ufficiale del testo dell'Articolo 45, primo paragrafo, lettera a) del Trattato di Pace con l'Italia del 10.02.1947: "L'Italie prendra toutes les mesures nécessaires pour assurer l'arrestation et la livraison en vue de leur jugement: (a) des personnes accusées d'avoir commis, ordonné des crimes de guerre et des crimes contre la paix ou l'humanité, ou d'en avoir été complices".

[316] VINCIGUERRA, www.archivioguerrapolitica.org/

Non rimaneva quindi che limitare l'elenco delle persone inquisite a soli dieci nomi.

Il Barone svedese Eric Leijonhufvud, Capo della Procura Generale di Addis Abeba, ottenne dalla *United Nations War Crimes Commission* questa facilitazione in cambio della promessa di comporre una Corte con una maggioranza di giudici europei [317].

A seguito di uno straordinario lavoro, i fascicoli vennero depositati presso il competente *Committe*, giusto in tempo per l'ultima udienza, ale a dire quella del 4 marzo 1948.

Il primo caso da esaminare sarebbe stato proprio quello di Pietro Badoglio [318].

Il Comandante in Capo delle Forze Italiane nell'Africa Orientale era formalmente inquisito per l'uso di gas tossici e per aver bombardato gli ospedali della Croce Rossa.

Sir Robert Craigie, a nome del Governo di Sua Maestà, prese di fatto le sue difese cercando di sollevare un ragionevole dubbio [319] sul fatto che le bombe fossero state lanciate

su istruzione oppure a conoscenza dell'inquisito
in modo tale da implicare per lui
una personale responsabilità.

---

[317] PANKHURST, *Italian Fascist*, p. 122.

[318] Al quale, nel frattempo, la Corte di Cassazione aveva restituito il titolo di Senatore del Regno

[319] Traduzione non ufficiale del testo dell'arringa di Craige in seno alla UNWCC del 04.07.1948: "[...] upon the instructions or the knowledge of the accused so as to implicate him as personally responsable", PANKHURST, *Italian Fascist*, p. 125.

In effetti, gli ordini erano stati indubbiamente impartiti dal Primo Ministro Mussolini; è anche vero, però, che per l'Articolo 8 [320] dello Statuto del Tribunale di Norimberga [321]

il fatto che l'accusato abbia agito
in conformità delle istruzioni del suo Governo
o di un superiore gerarchico
non lo esonera dalle sue responsabilità.

Non è neppure accettabile il principio secondo cui, dal momento che non era possibile accertare se il Maresciallo fosse stato nella posizione di controllare Rodolfo Graziani, la responsabilità avrebbe dovuto cadere interamente su quest'ultimo, in quanto *leader* sul campo di battaglia.

È infatti facilmente dimostrabile che i reati militari siano stati commessi anche nel Nord dell'Abissinia, di esclusiva competenza territoriale di Badoglio.

Inoltre, a prescindere dalle direttive emanate da Roma, rimaneva comunque il dovere del Comandante Supremo di sorvegliare il proprio Subalterno e prevenire che il diritto umanitario venisse così pesantemente violato pure al Sud.

---

[320] Testo originale dell'Articolo 8 della Charter of the International Military Tribunal: "The fact that the defendant acted pursuant to order of his Government or of a superior shall not free him from responsibility, but may be considered in mitigation of punishment if the Tribunal determines that justice so requires".
[321] Il Tribunale Militare Internazionale che dal 20.11.1945 si riunì nella tedesca Norimberga per celebrare il primo processo ai gerarchi nazizsti.

In proposito, venne citato il precedente di Tomoyuki Yamashita.

Si trattava di un generale nipponico che nel 1946 era stato condannato da una corte americana per non aver evitato che i membri del suo comando commettessero un massacro di civili a Manila, durante l'occupazione giapponese delle Filippine [322].

Resosi conto di non poter convincere gli altri componenti del *Committe*, l'Inglese dovette allora cambiare strategia, rinunciando a confutare l'accusa relativa all'utilizzo sostanze chimiche proibite.

Ma insistette a non riconoscere la responsabilità badogliana per gli attacchi ai presìdi rossocrociati " [323].

Venne però confutato dal norvegese Aars Rynning, il quale sostenne che durante il conflitto italo-abissino non vi fosse alcuna *justifiable reason* [324] per colpire degli operatori umanitari, azione che implicava una precisa responsabilità del Comandante in Capo.

Il Barone Leijonhufvud fu ancora più solenne nel ricordare che, per la prima volta nella storia, degli ospedali della Croce Rossa erano stati continuamente perseguitati e così ripetutamente bombardati in modo intenzionale.

Secondo il Procuratore di Addis Abeba [325], ciò si potrebbe addirittura dedurre che tale condotta fosse addirittura costituisse una

part of a policy.

---

[322] www.corazzati.it/personaggi_yamashita.htm

[323] Dimenticava, però, l'attacco effettuato proprio ai danni della Croce Rossa Britannica, che Londra a suo tempo aveva giudicato "deliberato". Vedi 3.6

[324] PANKHURST, p. 126.

[325] Ibidem.

Al termine dell'animata discussione [326], il *Committee* decise di considerare Pietro Badoglio come

potenziale criminale di guerra.

In altre parole, il Maresciallo venne rinviato a giudizio, in attesa che un tribunale nazionale (etiope o italiano) lo giudicasse per le violazioni del diritto internazionale umanitario.

Identico fu il provvedimento relativo a Rodolfo Graziani, conro il quale la Procura Generale di Addis Abeba aveva elevato numerosi capi d'imputazione [327], tra cui il

deliberato bombardamento
di Unità della Croce Rossa.

Quello fu il primo risultato "pre-processuale" ottenuto relativamente ai gravi delitti commessi durante il conflitto italo-abissino.

Il problema, però, cosisteva nel fatto che l'Etiopia non deteneva fisicamente i due accusati e nemmeno poteva chiederne l'estradizione, in quanto con la Repubblica Italiana non erano state ancora stabilite delle relazioni diplomatiche.

Una possibilità veniva tuttavia offerta dall'Articolo 86 del Trattato di Pace.

La competenza a dialogare con il Governo di Roma in materia di esecuzione ed interpretazione delle stesse norme era delle Ambasciate delle quattro Nazioni vincitrici della Guerra, tra i quali il Regno Unito.

---

[326] PANKHURST, p. 127.
[327] Ibidem.

Al *Foreign Office*, invero, si riuscì a malapena a celare un profondo motivo di preoccupazione, come si evince da un documento riservato in cui si ammetteva che un'eventuale richiesta di consegna dei due Marescialli avrebbe causato *embarassment* [328].

E così accadde.

Nel novembre '48 giunse infatti al Ministero degli Esteri britannico giunse una lettera [329] inviata dalla Delegazione Etiope a Londra, in cui si annunciava la volontà di istruire un processo solo nei confronti delle

persone maggiormente responsabili
della politica di sistematico terrorismo

che le Autorità dell'Italia avrebbero dovuto sottoporre a misure di custodia cautelare e poi assicurare all'Etiopia.

Si trattava proprio dei due *Marshal* Badoglio e Graziani.

Il Regno Unito decise allora di respingere il ruolo di intermediario.

Il Ministro Ernest Bevin, nella sua risposta ufficiale del 31 gennaio 1949, comunicò di non avere gli elementi per istruire l'Ambasciatore di Sua Maestà ad inoltrare all'*Italian Government* un'istanza di estradizone, che invece avrebbe dovuto essere presentata dall'*Imperial Ethiopian Government* [330].

---

[328] PANKHURST, p. 128.
[329] Estratto del testo originale della lettera del 23.11.1948; "[...] the persons most responsible for the policy of systematic terrorism [...] Marshal Pietro Badoglio and Marshal Rodolfo Graziani", PANKHURST, pp. 129-130.
[330] PANKHURST, p. 132.

L'approccio diretto, dunque, era rimasto l'unico modo per sperare di portare di fronte ad un Giudice i due imputati eccellenti.

E così, il 6 settembre, il Delegato dell'Etiopia si recò personalmente all'Ambasciata Italiana a Londra per consegnare la richiesta ufficiale di estradare i due Marescialli per le gravi violazioni del diritto umanitario commessi durante il conflitto italo-abissino del 1935-36,

Ma il Duca Tommaso Gallarti Scotti, nonostante il suo passato antifascista, si rifiutò di riceverlo [331].

Il deluso diplomatico etiope venne poi rimproverato pure dagli Inglesi [332], secondo cui l'iniziativa di Addis Abeba, proprio alla vigilia della discussione sul futuro dell'Eritrea [333] presso l'Assemblea Generale delle Nazioni Unite, venne considerata

del tutto inopportuna.

Dal momento che il processo si impantanò, si deve dedurre che l'Imperatore Selassiè fosse più interessato alle sorti di uno Stato confinante rispetto all'esigenza di Giustizia per i crimini di guerra commessi sul proprio territorio.

Il Generale Pietro Badoglio ebbe così la possibilità di morire nella sua Grazzano [334] il Primo novembre del 1956 [335].

---

[331] PANKHURST, p. 133.
[332] Estratto del documento del Foreign Office del 17,09,1949: "[…] we consider their original request to the Italian Government was most inopportune coming as it did immediately before the discussion of Eritrea at the General Assembly […], PANKHURST, p. 134
[333] Paese confinante con l'Etiopia.
[334] Comune piemontese che dal 1939 si chiama "Grazzano Badoglio".
[335] Federazione Assemblee Rastafari in Italia, www.ras-tafari.com/

I **funerali** si svolsero con tutti gli onori militari e alla presenza dei rappresentanti del Governo e dell'Esercito della Repubblica Italiana.

Gli ufficiali d'artiglieria della Scuola d'Applicazione di Torino nonché i suoi compaesani reduci della Campagna d'Africa si alternarono nel portare il feretro a spalla [336].

A carico dell'altro Maresciallo d'Italia, il Generale Graziani, la Magistratura di Roma aveva avviato già dal '49 un procedimento penale, ma non per i delitti perpetrati contro la Croce Rossa né per l'utilizzo di sostanze chimiche illegali in Abissinia, bensì per la sua militanza nella Repubblica di Salò dopo l'Armistizio del 1943.

---

[336] Museo Storico Badogliano,www.museobadoglio.altervista.org/

Dinanzi ad un **tribunale** speciale [337], nel maggio 1950 venne condannato a diciannove anni di reclusione per "collaborazionismo militare col tedesco" [338].

In virtù dell'amnistia votata dal Parlamento, tuttavia, già quattro mesi dopo la sentenza fu rimesso definitivamente in libertà, per poi spegnersi nel gennaio del 1955.

I crimini commessi durante la guerra in Abissinia hanno però continuato a pesare sulla sua memoria anche nel Terzo Millennio.

Con un contributo di 34 mila euro concesso nel 2012 dalla Regione Lazio e destinato al completamento del Parco Rodimonte e alla realizzazione di un "monumento al soldato" [339], nel Comune romano di Affile è stato invece inaugurato un mausoleo intitolato a Rodolfo Graziani, che era cresciuto proprio in quel paesino.

---

[337] CANOSA, *Graziani*, pp. 186-87.
[338] DEL BOCA, www.treccani.it/
[339] ZINGARETTI, www.nicolazingaretti.it/blog/affile/

Per questo ingiustificato cambio di destinazione d'uso, il Governatore Nicola Zingaretti chiese agli uffici competenti di sospendere il finanziamento, che venne definitivamente revocato il 25 aprile 2015.

Il Sindaco Enrico Viri, in un' intervista ad un importante quotidiano [340], ammise che

se avessimo detto che avremmo realizzato
un monumento per Graziani
la Regione non ci avrebbe dato i finanziamenti.

La Procura della Repubblica presso il Tribunale di Tivoli ha chiesto la condanna a due anni di reclusione per il Primo Cittadino e ad un anno e a sette mesi per gli assessori Giampiero Frosoni e Lorenzo Peperoni, tutti e tre accusati del reato di "apologia del fascismo" [341].

Nell'Udienza Preliminare, il Giudice ha accolto la richiesta di costituzione di parte civile presentata dall'Associazione Nazionale Partigiani Italiani e poi ha rinviato a giudizio i tre amministratori comunali [342].

In conclusione, l'odioso crimine di guerra consistente nell'aver bombardato gli ospedali della Croce Rossa in Abissinia, dunque, non è mai stato punito.

---

[340] http://ilmessaggero.it/
[341] www.ilmessaggero.it/
[342] www.notizialocale.it/

BIBLIOGRAFIA

ADUGNA Minale, *Women and Warfare in Ethiopia*, Organization for Social Science Research in Eastern and Southern Africa, Addis Ababa, 2001.

AGGE Gunnar, *Med Röda Korset i fält. Minnen och intryck från Svenska Abessinienambulansen 1935-1936*, Albert Bonniers Forlag, Stockholm, 1936.

BASTICO Ettore, *Il ferreo terzo corpo in A.O.*, Mondadori, Milano, 1937.

BAUDENDISTEL Rainer, *Force versus law: the international Committee of the Red Cross and chemical warfare in the Italo-Ethiopian war 1935-1936*, International Review of the Red Cross, Geneva, n. 322 - March 1998.

ID., *Between bombs and good intention, the Red Cross and the italo-ethiopian war, 1935-1936*. Berghahn Books, New York - Oxford, 2006.

BELLADONNA Simone, *Gas in Etiopia. I crimini rimossi dell'Italia coloniale*, Neri Pozza, Vicenza, 2015.

BENEDETTI Achille, *La Guerra equatoriale con l'Armata del Maresciallo Badoglio*, Oberdan Zucchi, Milano, 1937.

BROPHIL Marius, *Death from the Ethiopian sky,* The Spectator, London, 23.04.1936, pp. 12-13.

BROPHIL Marius, *Abyssinia today*, The Spectator, London, 03.09.1936, pp. 372-73.

BURGOYNE Gerald Achilles, *Burgoyne Diaries*,

CANOSA Romano, *Graziani. Il Maresciallo d'Italia, dalla guerra d'Etiopia alla Repubblica di Salò*, Mondadori, Milano, 2004-2005.

COFFEY Thomas, *Lion by the tail. The story of the Italian-Ethiopian war*, The Viking, New York, 1974.

DEL BOCA Angelo, *Le guerre coloniali del fascismo*, Laterza, Bari, 1991.

DEL BOCA Angelo, *Gli italiani in Africa Orientale - 2. La conquista dell'Impero*, Mondadori, Milano, 1992.

DEL BOCA Angelo, *I gas di Mussolini. Il fascismo e la guerra d'Etiopia.* Editori Riuniti, Roma, 2007.

DICK E.D., *Our Losses in Ethiopia*, Advent Survey, Northern European Division of the General Conference of S.D.A., Stanborough, Watford, Herts., England, February 1936, vol. 8, n. 2, pp. 1-2.

ENNIK Franklin, *Dutch Ambulance Service in Ethiopia 1935-1936*, Netherlands Philatelists of California, Walnut Creek, February 2014.

GULBRANSEN Kare, *Jag sökte äventyret*, Rabén & Sjögren, Oslo, 1957.

HAGGAI Erikh, *The Cross and the River: Ethiopian, Egypt, and the Nile*, Lynne Rienner, Boulder, Colorado, 2002.

HALLDIN NORBERG Viveca, *Swedes in Haile Selassie's Ethiopia, 1924-1952*, Scandinavian Institute of African Studies, Uppsala, 1977.

HOOPER Ralf, *Some experiences in Ethiopia*, The Canadian Club, Toronto, 19.10.1936.

HYLANDER Fride, *I detta tecken med Svenska Röda Korset i Abessinien att hugfästa minnet av var stupade vän Gunnar Lundström utgavs boken av Ambulanskamraterna*, Evangeliska Fosterlands-Stiftelsens Bokförlag, Stockholm, 1936.

JOHANSSON Knut, *På äventyr med svenska ambulansen i Abessinien*, Saxon & Lindström, Sthokolm, 1936

JUNOD Marcel, *Il terzo combattente. Dall'iprite in Abissinia alla bomba atomica di Hiroshima*, a cura di Elio Distante e Paolo Vanni, Franco Angeli, Milano,1989.

LEIJONHUFVUD Erik, *Kejsaren och hans hövdingar*, Norstedts Förlag, Stockholm, 1948.

MACFIE J.W.S., *An Ethiopian diary. A record of the British Ambulance Service in Ethiopia*, Hodder and Stoughton, London, 1936.

MUSSOLINI Vittorio, *Voli sulle Ambe*, Sansoni, Firenze, 1937.

NELSON - SULLIVAN, *John Melley of Ethiopia*, Faber, London, 1932.

PALMIERI Marco, *L'ora solenne. Gli Italiani e la guerra d'Etiopia*, Boldini Castoldi, Milano, 2015.

PANKHURST Richard, *An introduction to the medical history of Ethiopia*, The Red Sea Press, Trenton NJ, 1990.

PANKHURST Richard, *Italian Fascist war crimes in Ethiopia: a history of their discussion, from the League of Nations to the United nations (1935-1949)*, Michigan State University Press, 1999.

PEARCE Jeff, *Prevail. The inspiring story of Ethiopia's victory over Mussolini's invasion*, Skyhorse, New York, 1987.

RANKIN Nicholas, *Telegram from Guernica: The Extraordinary Life of George Steer, War Correspondent*, Faber, London, 2003.

RICE Esmè Ritchie, *Eclipse in Ethiopia and its Corona Glory*, Marshall, Morgan & Scott, London-Edinburgh, 1937-1938.
ROBINSON John C., *Father of the Tuskegee Airmen*, Potomac, Washington DC, 2012.

SAVOIA-GENOVA Filiberto, *La prima divisione camicie nere "23 Marzo"*, Milano, Bompiani, 1946.

SIEMON Rosamond, *The Eccentric Mr. Wienholt*, University of Queensland Press, St. Lucia, 2005.

ULLAND Gunnar, *Under Genferkorset i Etiopia: Med den norske Ambulanse*, Aschehoug, 1936.

VEGEZZI Guglielmo, *La guerra degli aggressivi chimici*, Rivista Militare Ticinese, Circolo Ufficiali di Lugano, Volume 5, 1932, pp. 46 e ss.

WAERNBERG Jan, *Svenska Vingar Over Etiopien*, Flyghistorisk Forening, Sthockholm, 1999.

WAUGH Evelyn, *Waugh in Abissinia*, Sellerio, Palermo, 1992.

Siti internet

ANDERSSON Patrik, *Carl Gustaf von Rosen*, Patriks slackt - Och kultursidor, 09.29.2016.
http://web.comhem.se/patriksgenealogi/rosen_en.htm

Australian Horse Trade, 11.07.2005.
http://walers.blogspot.it/2015/07/horses-for-haile-selassi-abyssinia.html

BALÁZS Feyér *Mészáros Kálmán, aki Gyuláról elindulva lett Hailé Szelasszié császár főorvosa*,
www.gyulaihirlap.hu/102297-meszaros-kalman-aki-gyularol-elindulva-lett-haile-

BALISKY E. Paul, *Lambie, Thomas Alexander*, Dictionary of African Christian Biography.
http://sthweb.bu.edu/stories/ethiopia/lambie-thomas3.html

BARRIERE Michel, *Les appareils de la Croix Rouge en 1935-1936*, Crezan Aviation.
www.crezan.net/pag_aby/abyssinia_avi.html

Beeld Bank WO2, *Image number 21385*.
www.beeldbankwo2.nl/detail.jsp?action=detail&recordidx=1

BEKERIE Ayele, *The Case of Melaku E. Bayen and John Robinson*, Tadias Magazine, 24.08.2008.
www.tadias.com/index.php?s=beyan

BERTIGLIA Aurelio, The Italian Monarchist.
http://italianmonarchist.blogspot.it/2013/06/chibi-italia-goes-to-war-part-iii.html

Billy Graham Center, Biographies of Robert and Winifred Hockman.
www2.wheaton.edu/bgc/archives/GUIDES/200.htm

BRIDEL Bernard, *Le ambulances à Croix-Rouge du CICR sous les gaz en Ethiopie*, Le Temps, 13.08.2003.
www.icrc.org/fre/resources/documents/misc/Srqers.htm

BUYERS Christopher, *The Muhammad 'Ali Dynasty.*
www.royalark.net/Egypt/egypt4.htm
Det Norske Diakonforbund - gjennon 100 ar, 14.10.2015.
https://issuu.com/saxmedia2015/docs/det_norske_diakonf orbundgjenno

Crimini di Guerra
www.criminidiguerra.it/campagnaetiopia.shtml

DEBONO Charles, *Italy considers capturing Malta during invasion of Abyssinia*,
www.timesofmalta.com/articles/view/20160306/life-features/Italy-considers-capturing-Malta-as-a-prelude-to-invading-Abyssinia.604805

DEL BOCA Angelo, *Dizionario Biografico degli Italiani* - Volume 58 (2002)
www.treccani.it/enciclopedia/rodolfo-graziani_(Dizionario-Biografico)/

ERFO, *Pallottole dum dum*
http://erfolgreich.altervista.org/pallottole-dum-dum
Ethiopian Red Cross Society
www.redcrosseth.org/photo.php?&mnid=5&smnid=23

Federazione Assemblee Rastafari in Italia
www.ras-tafari.com/crimini-fascisti/

Giornale d'Oriente, *Tortura e decapitazione dell'aviatore Minniti*, 15.02.1935.
https://czz56.wordpress.com/tag/giornale-doriente

Il Messaggero.It
http://ilmessaggero.it/roma/cronaca/affile_regione_grazian
i_zingaretti/notizie/1314489.shtml
ilmessaggero.it/primopiano/cronaca/tribunale_tivoli_rodol
fo_graziani_affile_marzabotto_
sentenza_sindaco_affile_monumento_fascista_criminale_
guerra-2152822.html

Il Postalista
www.ilpostalista.it/tramonto_012a6.htm

International Commette of the Red Cross,
www.icrc.org/eng/resources/documents/photo-
gallery/photos_marcel_junod_05-2004.htm

JALONEN Jussi, *The Lions of Solomon*, 21.09.2011.
https://historyandfutility.wordpress.com/2011/09/21/the-
lions-of-solomon/

KARKÉGI PACHA Max, *Le Prince Ismail Daoud (10.5.1892-21.4.1958)*. Document de 1921.
www.egyptedantan.com/famille_souveraine/famille_souv
eraine31.htm

KINDE Daniel, *Lorenzo Taezaz And The Italo-Ethiopian War (1935-1941)*, Ethiopian Review, 18.05.1991.
http://wemezekir.blogspot.de/2012/06/blaten-geta-lorenzo-taezaz-patriot.html

KJELLBERG H. E., *Svenska Abissinienambulansen 1935*, Svenska Dagbladets Årsbok / Trettonde årgången (händelserna 1935), Åhlén & Holms Boktryckeri, Stockholm, 1936
http://runeberg.org/svda/1935/0104.html

Lissan on line, *Heruy Wolde* - Sellasse, History Corner, 18.10.2009
http://lissanonline.com/blog/?p=540

Mezzi Corazzati della II Guerra Mondiale, *Gen. Tomoyuki Yamashita*.
www.corazzati.it/personaggi_yamashita.htm

Museo Storico Badogliano, Grazzano Badoglio
www.museobadoglio.altervista.org/cronologia.htm

Museoviraston Kuvakokoelmat,
www.kuvakokoelmat.fi/pictures/view/19540510_16

MUSSOLINI Benito, Meridiano d'Italia, 20.04.1947
http://guardiaduce.blogspot.it/

National Portrait Gallery, *Mary Ethel Winifred, Lady Barton*, London, 2015
www.npg.org.uk/collections/search/portraitLarge/mw2416
90/Mary-Ethel-Winifred-ne-MacEwen-Lady-Barton-Sir-
Sidney-Barton?LinkID=mp130293&role=sit&rNo=2

Notizia Locale
www.notizialocale.it/rinviato-luglio-il-processo-il-
mausoleo-graziani-di-affile/

Notizie VIP
www.notizie.vip/roma-villa-bracciano-ambasciata-
attacco-sionista-1946/

Observatoire de l'action humanitaire, *Comité International de la Croix Rouge - History, 1930-1939*,
Saint-Denis   Cedex.   www.observatoire-
humanitaire.org/en/index.php?page=fiche-
ong.php&part=historique&chapitre=296&id=84

PARTEE Charles, *Lambie, Thomas A.*, Dictionary of African Christian Biography.
www.dacb.org/stories/ethiopia/lambie-thomas3.html

ROMEO DI COLLOREDO P., Storia in Rete n. 67
www.storiainrete.com/11204/stampa-italiana-2/la-verita-
sui-gas-italiani-nella-guerra-detiopia/

ROTH Pamo, *Mein Opa, der Nazi-Fotograf*, Kölner Stadt-Anzeiger, Köln, 10.12.2015.
www.ksta.de/koeln/8--mai--tag-der-befreiung-mein-opa--
der-nazi-fotograf,15187530,30640230.html

Royal College of Nursing, *Princess Tsehai Haile Selassie (1919-1942)*, London, 2015.
www.rcn.org.uk/development/rcn_archives/exhibitions/int ernational_postage_stamps/princess_tshei_haile_selassie

Senato della Repubblica, Cremonesi Filippo.
http://notes9.senato.it/Web/senregno.NSF/96ec2bcd07256 0f1c125785d0059806a/7adfa520fd1e5ac04125646f005a8 a37

SIMMONS Thomas E., *The man called Brown Condor*, RasTafari Groundation.
www.rastafarigroundation.com/pt/John-C-Brown-Condor-Robinson-Recognized-for-his-contribution-to-Ethiopia.6-24-2015/blog.htm

Storiologia. Personaggi in primo piano. Pietro Badoglio.
www.storiologia.it/biografie/badoglio.htm

Time, 16.12.1935.
www.museobadoglio.altervista.org/docs/Time_1.pdf

ULLAND Astri, TittaFroskens Minnebok.
Potente steiner: Etiopia 1936, Varhaug 2011, 10.03.2011.
Eventyrer og globetrotter Gulbransen fortalt - eventyr?,12.03.2011.
http://tittafroskenpersonlig.blogspot.it/

Uppslagsverket Finland, *Faltin, Richard*
www.uppslagsverket.fi/sv/sok/view-103684-FaltinRichard2

VINCIGUERRA Vincenzo, *Nemici della Patria*, Archivio Guerra Politica, Opera, 2011.
www.archivioguerrapolitica.org/?tag=pietro-badoglio

VISCONT CRABORNE, *British Red Cross (Italian Bombing)*, Hansard 1803-2005, Commons Sitting, *HC Deb 09 March 1936, Vol. 309, cc 1781.*
http://hansard.millbanksystems.com/commons/1936/mar/09/british-red-cross-italian-bombing

WICTOR Thomas, *Before there were hashtags*, 20.01.2015
www.thomaswictor.com/before-there-were-hashtags/

ZINGARETTI Nicola
www.nicolazingaretti.it/blog/affile/

Documenti cartacei

MARIAM Wolde, *Dispute between Ethiopia and Italy. Communication from the Ethiopian Delegation*, Official No. C.201.M.126, 1936.VII, League of Nations, Geneva, 09.03.1936.

MARIAM Wolde, *Differend entre l'Ethiopie et l'Italie. Communication du Gouvernement éthiopien.* C.159.M.97, 1936.VII, Société des Nations, Genève, 13.04.1936.

MARIAM Wolde, *Communication from The Ethiopian Delegation transmitting a Memorandum addressed on March' 2nd,1936, by the Ethiopian National Red Cross Society to the International Red Cross Committee,* C.155.M.93.1936.VII, League of Nations, Geneva, 14.04.1936.

Camera dei Deputati - Senato della Repubblica, *Discussioni. Crimini nazifascisti*, Roma, XIV legislatura, Seduta del 24.01.2006.

League of Nations, *Communication from the Ethiopian Delegation transmittin a Memorandum addressed on March 2nd, 1936, by the Ethiopian National Red Cross Society to the International Red Cross Commette*, C.155. M.93.1936.VII, Geneva, 14.04.1936

League of Nations, *Report to the Council by the Commettee of Thirteen*, C.176.M.112.1936.VII, Geneva, 18.04.1936

145

US Department of State, *Foreign relations of the United States,* Washington DC, 1935, Volume I pp. 891-908.

Quotidiani e periodici   (in ordine cronologico)

The Winnipeg Tribune, Winnipeg, Manitoba, Canada, 21.09.1935, p. 10.

The Brooklin Daily Eagle, New York, 03.10.1935, p. 1.

Chicago Daily Tribune, Chicago IL, 04.10.1935, p. 5.

Cootamundra Daily Herald, Cootamundra, Australia, 10.06.1936, p.1.

Corsicana Daily Sun, Corsicana TX, 07.12.1935, p. 14.

Reading Eagle, Reading PA, 07.12.1935, p. 9.

The Milwaukee Sentinel, Milwaukee WI, 07.012.1935, p. 1

Urbana Daily Courier, Champaign-Urbana IL, 14.12.1935, p. 1; 31,12,1935, p. 1.

The Philadelpia Inquirer, Philadelphia PA, 05.01.1936, p.1.

The Montreal Gazette, Montreal, Canada, 07.01.1936, p. 7.

Spokane Daily Chronicle, Spokane WA, 10.01.1936, p. 1.

La Tribuna Illustrata, Roma, 19.01.1936 e 29.03.1936, copertina.

El Mundo, San Juan, Puerto Rico, 28.01.1936, p. 2.

Nouvelliste Valaisan, St-Maurice, Suisse, 28.01.1936, p. 3.

L'Écho de Paris, Paris, 07.02.1936, p. 6.

La Domenica del Corriere, 09.02.1936; 08.03.1936, copertina.

The San Bernardino County Sun, San Bernardino CA, 09.02.1936, p. 14.

The Morning Herald, Gloversville and Johnstown NY, 19.02.1936, p. 1.

The Bend Bullettin, Bend OR, 06.03.1936, p. 1.

Il Giornale Italiano, Sidney, 18.03.1936, p. 4

The Evening Independent, Massillon OH, 23.03.1936, p. 1.

The Daily News, Perth, Australia, 13.04.1936, p. 7.

Sunday Morning Star, Wilmington DE, 26.04.1936, p. 32.

The Afro American, Baltimore MD, 02.05.1936, p. 3.
The Advent Review and Sabbath Herald, Takoma Park, Washington DC, n. 38, 09.07.1936, p. 21.

The Hastings and St. Leonards Observer, Hastings, East Sussex, 16.10.1948.